100の失敗に学ぶ
結露完全解決

健康被害と腐朽を防げ！

まえがき

　高断熱・高気密住宅が全国で急増しています。高レベルの断熱・気密性能は消費エネルギーと光熱費を削減するだけでなく、快適性にもつながるので、住宅に欠かせない性能です。その一方で高まっているのが、結露の発生リスクです。結露は木部の腐朽を促進し、木造住宅の大敵となります。結露が生じている状態は「ダンプネス」と呼ばれており、近年はアレルギー疾患をはじめとする健康影響との関係も注目されています。

　結露というと、かつては冬に断熱性能の低い窓や壁の表面でよく発生していました。しかし、高断熱・高気密住宅で多いのは、壁内や床下、基礎、小屋裏など普段見えにくい箇所で発生する結露です。さらに、断熱性能を高めたサッシや基礎を採用したにもかかわらず新たな結露が見つかり、トラブルに至る事例は少なくありません。

　住宅実務者向けの専門雑誌「日経ホームビルダー」では、高断熱・高気密住宅で起きた結露トラブルに注目し、取材を続けてきました。その中で分かってきたのは、高断熱・高気密住宅では断熱・気密・防湿・通気・換気が欠かせず、それらのミスや不具合によって結露が起こっているということです。

　ミスや不具合が生じるのは、発生原因が複雑で対策が難しいからです。既存制度が要求していない夏型の結露対策や、新しい高性能な建材・設備の知識も住宅の現場では不可欠な情報になろうとしています。住宅実務者が学ぶべき結露対策がどんどん増えているのです。

　本書ではこうした実情を踏まえ、第1章と第4章で高断熱・高気密住宅で発生した結露トラブル事例と不適切な施工を部位別に並べました。検索しやすい構成としています。第2章では高断熱・高気密住宅で導入が進んでいる高性能換気設備、第3章では結露とともに増えているカビ、第5章では需要が増している断熱改修について、他では入手が難しい貴重なトラブル事例を豊富に取りそろえました。さらに、全ての章でトラブルの対策を解説しています。

　本書は住宅建築に関わる実務者を主な読者対象としていますが、結露に悩んでいる一般の建て主にも理解いただけるよう、なるべく平易な表現を心がけました。結露の解決を図るには、住宅実務者と建て主が手を携え、相互の信頼を保ちながら対処することが欠かせません。結露の予防やトラブル解決のために、本書が少しでもお役に立てば幸いです。

日経ホームビルダー編集部　荒川　尚美

目次

基礎編　結露の発生メカニズムを押さえる　7
　　　　　　温度の境目に注意　8

第1章　結露を招く断熱ミスと対処法　11

基礎	基礎断熱なのに床下が結露	12
床・天井・窓	24時間換気でも換気不足	16
浴室・玄関・基礎	断熱境界の混乱が多い	21
窓	高断熱サッシなのに結露	26
窓・軒天・壁内	断熱改修したのに結露	30
軒天・壁内	外張り断熱で気密に失敗	36
壁内	付加断熱の施工で大量結露	42
壁内	袋小路の通気層が危ない	48
小屋裏・壁内	防湿シートがあっても壁内結露	50
小屋裏・壁内	通気層があるのに結露	56
小屋裏	通気閉塞が生む夏場の結露	62
小屋裏・壁内	施工中の雨が時限爆弾に	66
小屋裏	黒幕は不慣れな省エネ施工	69
小屋裏	築半年で屋根断熱に大量結露	70
小屋裏	太陽光の後付けで結露	72

第2章　換気の不具合と対処法　77

ダクト内結露	ダクトに結露水が滞留	78
汚れによる機能低下	掃除できず大量の汚れが付着	80
負圧	高気密住宅で異音が発生	82
エネルギーロス	熱交換なのに光熱費増	84
ダクトの施工不良	ダクトを曲げ過ぎて風量不足	86
騒音	うるさい、寒いで運転止める	88
過乾燥	過乾燥を防ぐ工夫が必要に	90
シックハウス対策	厚労省が化学物質の規制強化	92
性能評価	換気設備の信頼性測る指針に	94

第3章 カビのトラブルと対処法 ... 97

壁内	通気工法に改めたのにカビ臭	98
床下・基礎	基礎断熱の床下に死角	102
	●ダンプネスの家は有病率が高まる	106
	●シックハウスを招くカビリスク	107
基礎知識	死なない相手を成長させない	108
効果的な防止策	施工と建材の両面から攻める	111

第4章 危ない隙間と対処法 ... 113

壁内・天井・床下・基礎・窓	結露防止で注意すべき3層	114
グラスウール・セルローズファイバー	「ボード気密」で省力化	118
グラスウール	高気密の防湿は先張りで	120
	●夏型結露を防ぐ防湿シート	122
	●土壁の吸湿性を用いて結露を防ぐ	123
ボード状プラスチック系断熱材	「真壁パネル」で精度を高める	124
現場発泡ウレタン	責任施工の利点を生かす	126
セルローズファイバー	吸放湿性を生かす気密	128

第5章 失敗しない断熱改修 ... 131

床下・窓・基礎・下屋・壁内	ありがちな12のトラブル	132
現場の悩みと処方箋	効果を高めてリスクを削減	137
使える製品	解体せず施工できる	147
健康影響	部屋間の温度差の解消がカギ	149

著者・監修者一覧 ... 151

基礎編
結露の発生メカニズムを押さえる

基礎編
温度の境目に注意

暖かく湿った空気が冷えると、結露が発生する――。そのメカニズムは、決して難しくはない。
住宅の結露トラブルを防ぐためには、そうしたメカニズムとともにいくつかのポイントを理解しておく必要がある。

暖かい空気は水蒸気を多く持てる

空気が保持できる水蒸気の量は、温度によって異なる。たとえば、体積が1m³で気温25℃の空気が保持できる水蒸気量は、最大で23.1g。同じ体積で気温10℃の場合は、最大9.4gになる。簡単に言い換えると、「暖かい空気は、冷たい空気よりも多くの水蒸気を持てる」ということだ

（このページのイラスト：勝田登司夫）

結露はなぜ起こるのか

仮に、気温25℃で1m³当たり9.4gの水蒸気を含んだ空気ならば、気温が10℃未満に下がった時点で9.4gの水蒸気を持ち切れなくなる。持ち切れない分の水蒸気は、気体から液体に変わる。住宅の結露も同じ原理だ。冬季に暖房した室内は暖かいが、外は寒い。夏季に冷房した室内は涼しいが外は暑い。気温が異なれば、空気の持てる水蒸気量は異なる。暖かい空気が冷えると、結露が発生する

　寒い冬の朝、眼鏡をかけた人が満員電車に乗り込むとレンズが曇る――。空気が冷やされることで、そこに含まれる水蒸気が液体に戻る現象が結露。日常の至るところで目にする自然現象だ。

　結露のメカニズムは、決して難しい理屈ではない。

　自然状態の空気は多かれ少なかれ、水蒸気を含んでいる。暖かい空気は、冷たい空気よりも多くの水蒸気を保持できる。気温が下がれば、空気が保持できる水蒸気量は少なくなり、保持しきれない分は水という液体の状態に戻る。これが結露現象だ。

　冒頭の例では、電車内の暖かい空気に含まれている水蒸気が、冷えた眼鏡に触れて結露したということだ。住宅の結露も、基本は同じ原理で発生する。

　例えば、冬季に暖房を利かせた部屋で、内装材や窓などの室内側の表面に水滴が付くことがある。「表面結露」と呼ぶ現象だ。空気はわずかな隙間でも通り抜けるので、壁体内部にも入り込む。壁体内部で結露する場合を「内部結露」と呼ぶ。

　表面結露は内装材表面でのカビの発生などにつながる。もっと怖いのは、内部結露だ。外側からは見えないので、気づかないうちに構造体を腐食させることがある。

　メカニズムそのものは難しくないが、

これだけは覚えておこう

防湿施工

室内の湿気を壁体内部に入れないようにする構造が「防湿層」。防湿層の施工で一般的な手法は、専用のポリエチレンフィルムを張るやり方だ。専用のフィルムは厚さ0.1～0.2mmのタイプが代表例だ。防湿性だけでなく、気密性を確保できるものもある。断熱施工の住宅では、防湿用のフィルムを内装材のすぐ外側に張る。防湿層に切れ目や穴があると空気が抜けて、本来の機能を発揮しない。すき間なく連続して張る必要がある。たとえば、床や天井と壁との取り合い部では、十分な長さのフィルムを重ね合わせるようにして張る。下の写真のように、天井と柱との接合部など、防湿層に穴が開く箇所は、特に注意が必要。気密テープなどで穴を完全にふさぐ。

断熱材

グラスウールやロックウール、セルローズファイバーといった繊維系のほか、発泡プラスチック系など、さまざまな種類がある。たとえば、グラスウールでも、袋入りや吹き付け施工用などのタイプがある。ポリスチレンやウレタンなどの発泡プラスチック系では、断熱材自体が防湿層の役割を果たすものもある。下の写真は、発泡プラスチック系断熱材を使った外張り断熱工法の施工例だ。断熱材の適切な厚さは、材質や施工地域ごとに国が基準値をまとめている。断熱材が適切な厚さで施工されていなかったり、隙間が開くなどの施工不良が生じていたりすると、計画どおりの効果を発揮しない。次章以降で紹介するような結露トラブルの原因になることもある。

なかなか防ぎ切れないのが結露だ。次章以降では、具体的なトラブル例や対策のヒントを紹介する。

2つのポイントに注目

結露対策を考える際に、注目すべきポイントは大まかに2つある。「水蒸気を含んだ空気の移動」と「温度差が発生する箇所」だ。

一般的な充てん断熱方式の木造住宅の壁体構造を例に取り上げてみよう。内装材の外側には、ポリエチレンフィルムなどで防湿層を設ける。防湿層のすぐ外側に密着するように断熱材を施工したうえで、断熱材と外装材との間に通気層を設ける。

暖房を使う冬季は、室内の空気のほうが外気よりも暖かいので、その分だけ、水を水蒸気の状態で多く含むことができる。防湿層を設置するのは、室内の湿気が壁体内部に入るのを防ぐためだ。他方、断熱材で覆った内側は熱が逃げないので、内装材も冷えにくい。

一方、冷房を使う夏季は、外気のほうが室内の空気よりも暖かく湿っている。外装材のすぐ内側の通気層は、壁体内に浸透する湿気を外に逃がすための構造だ。

●充てん断熱構造の一般的な例

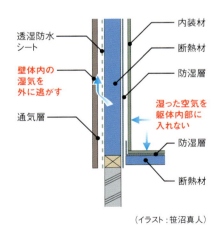

（イラスト：笹沼真人）

第1章
結露を招く断熱ミスと対処法

結露を招く断熱ミスと対処法

基礎

基礎断熱なのに床下が結露

断熱性能を高めた住宅が増える一方で、ちょっとした設計施工のミスや暮らし方の不注意による結露トラブルが増えつつある。ここでは、基礎断熱における床下での冬型結露を示す。

事例1

上は基礎と土台の取り合い部分に貼った黒い気密テープが結露している様子。右は黒い気密テープを貼っていた基礎断熱の床下。住宅会社は建て主から床下がかび臭いと言われたため、床に丸い換気口を開けたり、気密テープを貼ったりしたが解決せず、住まい環境プランニングに調査を依頼した
（写真：15ページまで住まい環境プランニング）

●結露の発生箇所

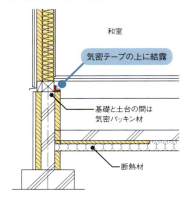

（資料：15ページまで住まい環境プランニング）

●床下まわりの温湿度と結露の判定

外気温度	内部温度	気密テープの温度	露点温度	結露発生の有無
0℃	15.3℃	4.37℃	6.48℃	有
1℃		5.09℃		有
2℃		5.80℃		有
3℃		6.51℃		無

上の表の値のほかに外気の相対湿度を72%（東北地方のA県地方気象台が観測した11月の平均値）、床下内部の相対湿度を55.6%（現地での実測値）として、気密テープの露点温度を計算して結露の有無を判定した

　上の**事例1**の写真は、高断熱・高気密仕様で東北地方の寒冷地に建てた、築1年未満の住宅だ。基礎の立ち上がりと耐圧板の一部に断熱材を張った基礎断熱を採用している。床下がカビ臭いという相談を受けて、2011年11月末に調査した。

　臭いが特にきついという和室の床下に入ると、基礎と土台が接する室内側の部分に貼られていた気密テープの表面に水滴が付いていた。

　この水滴が結露なのかを判断する方法の1つとして、住まい環境プランニング（岩手県盛岡市）では建築環境・省エネルギー機構（IBEC）が発行する「結露防止ガイドブック」を利用した。**事例1**の外皮の仕様と、現地で測定した床下の平均温湿度15.3℃、55.6%、ガイドブックの内部結露判定用の外気温湿度を条件として計算すると、露点温度は6.48℃になる。寒さの厳しいこの地域では、外気の影響でテープの表面温度は5.8℃を下回る計算になるので、結露に至る可能性が高いことが分かった（上の表参照）。

　床下に結露を招いたと考えられる施工上の主な問題は2つ見つかった。1つ目は、土台と基礎の取り合い部分に挟んでいた気密パッキン材に隙

● 事例1の結露発生原因（推定）

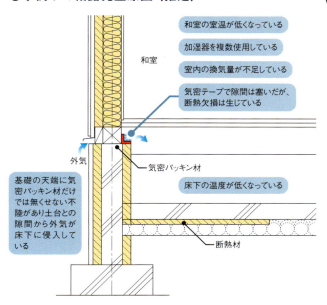

床下に露出している大引きや土台、床下地などの木部がカビで黒ずんでいた事例。外周部の土台と基礎の隙間に施工していたコーキング材が断熱欠損部分となり、結露を招いたと思われる

外周部の基礎と断熱材を貫通している配管まわりにカビが発生した事例。配管まわりに隙間が生じていることが原因の1つと思われる

耐圧板を貫通している配管まわりの隙間から土中の湿気が床下に漏れ、配水管や床下に結露やカビが生じた事例

間が生じていたこと。2つ目は、その隙間を気密テープで処理したこと。気密テープは建て主にカビ臭いと言われて、住宅会社が後から貼ったものだ。気密は取れるものの、断熱材と比べて断熱性能が低いため、床下空気の温度よりテープの温度が下がり結露した。

同じ理由から、外気に接する部分に生じた隙間をコーキング材だけで処理することも問題だ。**事例2**の床下はそれが原因で結露した。

事例1では、住まい方が床下の結露を助長している可能性も見つかった。1階の居室で加湿器を複数使用していたものの、冷気が流入するのを嫌い室内の給気口を一部閉じていた。この状態では空気の入れ替えが十分行われず、室内の湿度が高くなる。基礎断熱の場合、床下は室内とみなすので、居室と床下の間に気密を取ることが少ない。このため、湿度の高い居室の空気が床下に流れ込んだと思われる。しかも、和室の暖房能力が弱く床が温まりにくかったため、床下の温度を上げることができず、結露しやすい状態になっていたと考えられる。

事例1では見つからなかったが、基礎と給排水管などの貫通口に生じ

| 防止策1 | 基礎の天端を平滑に仕上げる |

基礎の天端で許される不陸はプラスマイナス5mm以内とする。基礎に気密パッキン材を取り付けたときに、気密パッキン材が隙間なくぴったり施工できているかもチェックする

| 防止策2 | 基礎と土台の隙間を覆う |

断熱材と基礎の隙間にノズルを使って1液性のウレタンを充填している様子。外側の断熱材の天端を基礎の高さより10mm立ち上げているので、基礎と土台の取り合い部が断熱材とウレタンでちょうど隠れる

● 住まい環境プランニングが提案する基礎断熱の納まり

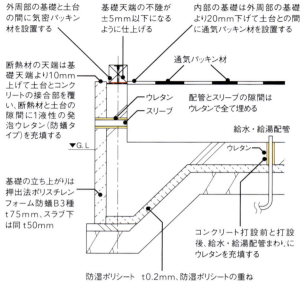

外周部の基礎と土台の間に気密パッキン材を設置する

基礎天端の不陸が±5mm以下になるように仕上げる

内部の基礎は外周部の基礎より20mm下げて土台との間に通気パッキン材を設置する

断熱材の天端は基礎天端より10mm上げて土台とコンクリートの接合部を覆い、断熱材と土台の隙間に1液性の発泡ウレタン（防蟻タイプ）を充填する

通気パッキン材

ウレタン
スリーブ

配管とスリーブの隙間はウレタンで全て埋める

給水・給湯配管

▽G.L

ウレタン

基礎の立ち上がりは押出法ポリスチレンフォーム防蟻B3種t75mm、スラブ下は同t50mm

コンクリート打設前と打設後、給水・給湯配管まわりにウレタンを充填する

防湿ポリシート t0.2mm、防湿ポリシートの重ね代は150mmとする、重ね合わせ部分および配管立ち上げ部分は防湿気密テープを貼る

| 防止策3 | 奥まで充填したかを目視確認 |

隙間の幅が10mm以上になるように現場で斜めにカットしてからウレタンを充填している様子。手前が広いと、ウレタンが奥まで入りやすくなる。奥まで入っているかを目視確認しながら施工できるようにもなる

幅が10mm未満
ウレタン

幅が10mm未満の隙間では、ノズルを使わずにウレタンを施工すると、ウレタンが奥まで入らない恐れがある

幅が10mm以上

10mm未満

幅が10mm以上になるように隙間を斜めにカットすると、奥までウレタンを充填しやすくなる

た隙間も結露を招く。それが原因となり、**事例3**は床下の断熱材と配管にカビが生じ、**事例4**は配管が結露した。

ウレタンの隙間にも注意する

15ページまでの上に示すのは、基礎断熱の床下結露を防ぐ工夫として、結露トラブルに詳しい住まい環境プランニングが住宅会社に伝えている納まりと管理のポイントだ。

第一に気を付けたいのは、基礎コンクリートの打設時に天端を平滑に仕上げること。基礎と土台の間は気密パッキン材を挟んで隙間を完全に無くさなければならないが、気密パッキン材を使用しても基礎天端に大きな不陸があると隙間ができる恐れがある。そこに断熱欠損が生じ、結露の弱点になりやすい。気密パッキン材の性能を発揮するには、天端の不陸をプラスマイナス5mmまでにする必要がある（**防止策1**）。

次に気を付けたいのが、隙間に断熱欠損を残さないこと。例えば、断熱材を基礎の外側に施工する場合は、次のような方法がある。断熱材の天端を基礎より10mm高くして、断熱材と土台の隙間にウレタンを充填する。ウレタンの断熱効果と隙間を塞ぐ効果

防止策4　配管まわりの隙間を塞ぐ

基礎の外側の立ち上がりや耐圧板に配管類の穴を開ける場合は、配管と穴の隙間を1液性のウレタンで塞ぐ。基礎に配管を埋設する場合は、打設前に配管の立ち上がり部分の隙間をウレタンで塞いだ上で、打設後に基礎との隙間を塞ぐ

●空気の流れを良くする床下の例

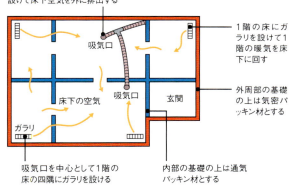

防止策5　換気を良くして湿気を抜く

上は床下に設置した排気用ダクトの吸気口。できるだけ中央に近い位置に配置する。下は床下内の空気が流れやすくなるように、内側の基礎と土台の間に通気パッキン材を設けた様子。排気用ダクトと通気パッキン材は併用するのが望ましい

が期待できる（**防止策2**）。

　基礎や断熱材を貫通する配管まわりも隙間が生じやすいので、外気が入らないように1液性のウレタンを充填して隙間を塞いでおきたい（**防止策4**）。

　幅の狭い隙間は、ウレタンが奥まで入らず、期待通りの断熱性能が出ない場合がある。それを防ぐには、細長いノズルを使用するか、隙間が10mm以上になるよう斜めにVカットしてから充填する。Vカットすると、ウレタンが奥まで入るかを目視確認しながら充填できる（**防止策3**）。

　床下の湿度はコンクリートから発生する湿気でも高くなる。この湿気は打設後しばらくの期間は発生するのでやっかいだ。少しでも結露の発生原因を減らすために、床下の湿気を逃がす工夫を設計に盛り込みたい。例えば、床下に排気ダクトを設置して強制的に換気する、内側の基礎に通気パッキン材を挟んで床下の空気の流れを良くするといった工夫だ（**防止策5**）。

　床下を強制換気する際は、基礎の断熱性能を高めることも欠かせない。断熱性能が不足している状態で換気すると、夏の高温高湿な室内空気を床下に引き込んだ際に、夏型結露が生じる恐れがあるからだ。

結露を招く断熱ミスと対処法

床・天井・窓
24時間換気でも換気不足

「換気」が原因のトラブルを中心に紹介する。
寒冷地域だけでなく、温暖地域でも生じ得る結露トラブルに学ぶ。

事例1　[気密性が低い]

左は、2階の寝室で親子3人が就寝していたマットレス。床に接した面に結露水を含んでしわが生じた。マットレスを床に直に置くのをやめて、スノコ状の板の上に置いてからも床の結露は続いた。右下は、寝室の給気口で換気風量を測定しているところ
（写真：このページは福田温熱空調）

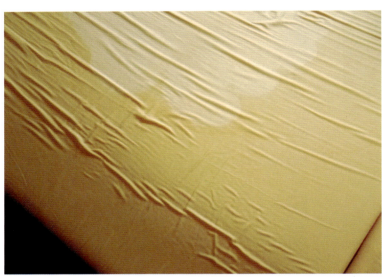

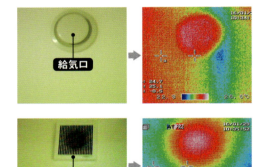

上の2点は寝室の給気口まわりと、その場所を赤外線カメラで写した画像。下の2点はウオークインクローゼットに設置した排気口まわりと、同じく赤外線カメラで写した画像。赤外線カメラの画像はどちらも赤く表示。室内の暖気を外に出していることを示す。ウオークインクローゼット内の室温が低いので排気口まわりの壁は青くなっている

　事例1は、温暖な省エネ区分の5地域に立つ、壁付けの第三種換気を設置していた住宅でのトラブルだ。完成して2年目の冬、建て主が住宅会社の担当者に「2階の寝室の床がぬれる」と訴えた。担当者が床下と天井裏に入ったり壁の仕上げ材を剥がしたりして調査をしたが、断熱欠損や漏水跡は見つからなかった。

　担当者は当面の対応として、寝室の床下に断熱材を充填し、ウオークインクローゼットに排気ファンを追加した。3年目の冬に状態を調べたところ、じめじめした状態がまだ続いていた。担当者の相談を受けた住まい環境プランニングは、自社よりも現場に近い福田温熱空調（石川県白山市）の福田重顕氏を紹介した。

　福田氏は温度計と赤外線カメラで、外壁の所々と2階の床の温度が低いことを確認した。1階の床下の冷気が壁を通って2階の床下に侵入しているため、後から充填した床の断熱材も性能を発揮できず、床が冷えて結露したと推測した。1階を剛床で施工していたが、それだけでは気流を完全に止めるのは難しい。防湿シートなど

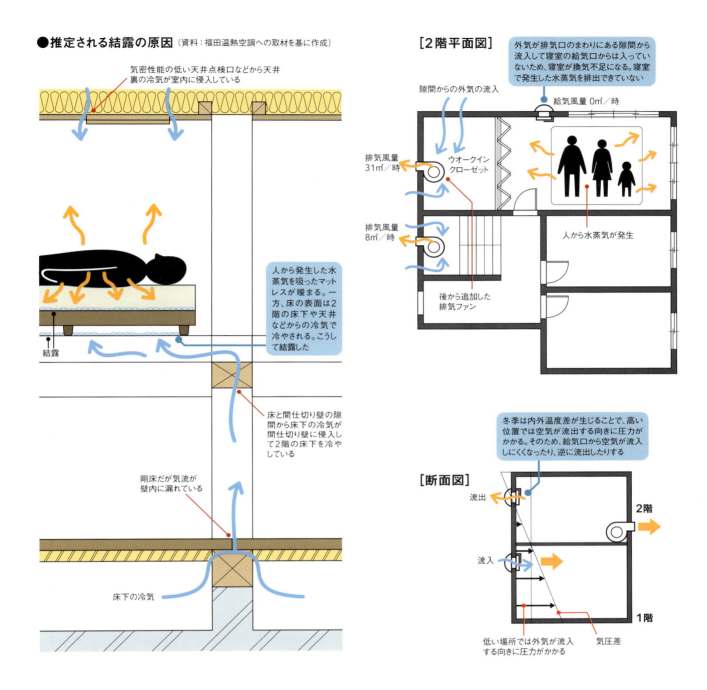

● 推定される結露の原因（資料：福田温熱空調への取材を基に作成）

[2階平面図]

[断面図]

　による気流止めが別に必要だと、福田氏は指摘する。

　気密測定を実施すると、相当隙間面積は1.9cm²/m²もあった。福田氏は測定中に、インターネット配線設備やコンセントボックスなどから隙間風が入っていることを確認した。

　換気風量を測定すると、ウオークインクローゼットと階段室に設置した排気口からの排気風量は合計で39m³/時あったが、2階の給気口からの給気風量は全てゼロ。つまり、給気口は機能していなかった。赤外線カメラで寝室の給気口を見ると、表示が赤くなった。これは、給気口が逆に、室内の暖気を排気している状態を示すものだ。

　これらを受けて福田氏は、次のような状況で寝室の換気量が大幅に不足。結露を助長していると判断した。

　まずは建物の隙間が多いために排気口の近くでショートサーキットを起こす。それに加え、冬季で内外温度差に基づく圧力差が大きくなって2階の給気口から空気が出ている。

　そこで、貫通部や点検口の隙間を塞ぐことと、1階の給気口の風量を絞っ

事例 2

[断熱ミス]
上は、鉄骨造のアパートの2階住戸の天井。結露水とカビによる黒い染みが発生している。左は天井裏に設置されている換気設備の本体。本来は断熱材で覆われていなければならないが、むき出しの状態だ（写真：住まい環境プランニング）

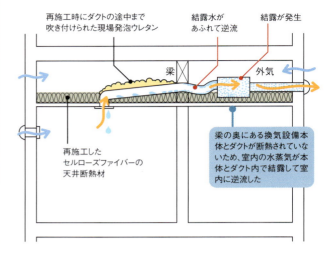

●推定される結露の原因

（資料：住まい環境プランニングへの取材を基に作成）

事例 3

[誤使用]
24時間換気を止めていたため、樹脂サッシの枠と窓台に結露とカビが発生した。施工したカオル建設の衣川知孝社長は、「夜は窓枠の温度が10℃まで下がるので、室内の露点温度が10℃未満になるように、24時間換気を運転して温度と湿度をコントロールしてほしい」と建て主に伝えた（写真：カオル建設）

事例 4

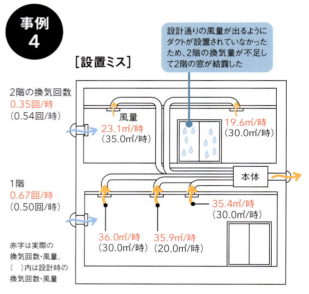

[設置ミス]

（資料：北欧住宅研究所への取材を基に作成）

て1階と2階の圧力差を低減するよう提案した。

結露を防ぐための換気回数の規定はどこにもないが、参考になる研究データはある。宮城学院女子大学教授の本間義規氏が東京都内の住宅でシミュレーションしたところ、0.2回/時を下回ると相対湿度が急上昇したのだ（20ページ中段参照）。

事例2は、換気設備の不適切な断熱施工が招いたトラブルだ。

アパートのオーナーが住まい環境プランニングに、天井のカビと結露の対処方法を相談した。住民が24時間換気を止めてファンヒーターを使っていることと、天井断熱の欠損が原因だと判断し、暮らし方の見直しと天井断熱の再施工を提案した。

ところが、翌年このオーナーから「天井にある排気口から、水がぽたぽた垂れてくる」という連絡が入った。天井裏を調べると、梁の手前にあるダクトには現場発泡ウレタンが再施工されていたが、梁より奥にある換気設

よくある換気不足の原因

- ドアにアンダーカットがない（写真1）
- 換気設備のダクトが設計より長すぎたり折れ曲がっていたりして、圧力抵抗が大きくなっている（写真2）
- 給気口や排気口がほこりで目詰まりしている（写真3）
- 屋外排気フードに本来不要な防虫網を付けて、目詰まりしている
- 換気ダクトが外れたり破れたりしている
- 換気ダクトの管内に断熱材が吹き込まれている

（写真：住まい環境プランニング）

防止策1　換気風量を個別に測定

排気口の風量を調整するため開度を調整している様子。開度が何mmかを記録しながら換気風量を測定する（写真：北欧住宅研究所）

換気不足を防ぐため、給気口と排気口の風量を風量計で測定する。風量計がない場合の応急的な対応として、住まい環境プランニングでは写真のようにティッシュペーパーで簡易的に風量を調べる方法を提案する（写真・資料：住まい環境プランニング）

ティッシュペーパーが吸い付く風量の目安	
2枚	4㎥/時
6枚	7㎥/時
9枚	14㎥/時
20枚	22㎥/時
27枚	32㎥/時

備本体とダクトはむき出しだった。

そのため、排気口で吸い込んだ水蒸気が冷たい換気設備本体とダクト内で結露して逆流していた。

設計と実際の風量が異なる

高断熱・高気密住宅では、換気不足が原因で断熱窓にカビや結露が発生することは少なくない。カオル建設（広島市）が建てた住宅でも、樹脂サッシが結露した（**事例3**）。

衣川知孝社長が真っ先に確認したのは、24時間換気設備の状態だ。建て主は節電のために運転を止めていた。室内の状況を温湿度計で測ったところ、温度が20℃、相対湿度が60％、水蒸気が水滴に変わる露点温度は12℃だった。夜は樹脂サッシの表面温度が10℃まで下がるので、結露して当然の状態だった。

事例4は、札幌市内に建つ高断熱・高気密住宅で、ダクト式第三種換気設備を運転していたのに2階の

| 防止策2 | 手の届きやすい場所に換気設備本体を設置 | 防止策3 | 水蒸気の発生箇所には換気設備を追加する |

24時間換気設備はフィルターなどを定期的に交換する必要があるので、ボイラー室や人の入れる小屋裏などに設置して、作業をしやすくする
（写真：住まい環境プランニング）

カオル建設は、建て主が室内で洗濯物を干したいと要望した場合は、設計段階で写真のような熱交換型同時給排気設備を組み込む。住まい環境プランニングは、水まわり空間で使用できる機能を備えたセントラル換気方式の排気ダクトをユニットバスや洗面所に設置して洗濯乾燥室を兼用させる（写真：カオル建設）

0.2回/時未満の換気は結露リスク増大

換気量が十分あれば、防湿シートのない状態でも内部結露を防げるくらい、換気による結露防止効果は大きい。結露防止に必要な換気回数がどのくらいかを東京都内に建つ延べ面積が100m²の住宅でシミュレーションしたところ、水分が100g/時以上発生したときに換気回数が0.2回/時を下回ると相対湿度が急上昇した。水分量が100g/時は2人暮らし、200g/時は洗濯物を部屋干ししない4人暮らし、300g/時は部屋干しする4人暮らしを想定した量だ。建築基準法はシックハウス対策として0.5回/時の換気回数を義務付けているが、結露防止としては十分過ぎる換気回数といえる。換気を確実に行うには、気密性能も欠かせない。外気温度にも左右されるが、相当隙間面積は1cm²/m²以下でないと換気のコントロールは難しい。冬季は必要以上に換気することも避けたい。暖房負荷や静電気を増加させ、過乾燥を招くからだ。
（宮城学院女子大学・本間義規教授談）

● 水分発生量ごとの換気回数と相対湿度

[シミュレーションの条件]
・換気対象気積 240 m³
・室温 20℃
・外気 5℃、70%
（絶対湿度 3.72g/kgDA）
・換気量が無限大の場合、室内湿度は 26%RH になる

（資料：本間義規）

樹脂サッシに結露とカビが発生したトラブルだ。換気設備に詳しい北欧住宅研究所（千葉県市川市）の川本清司所長[※]が建て主の相談を受けた。

川本所長が住宅全体の給気口と排気口の風量を1カ所ごとに測定したところ、1階はどこも設計値を上回り、2階は下回るなど、全箇所で設計値と違っていた。そのため2階の換気回数が0.35回/時しかなく、結露を招いたと推定した。

換気設備の設計風量と実際の風量が異なり、換気不足を招くことは少なくない。この事例では、圧力損失計算やダクト設置のミスなどが原因だった。

換気不足の防止策として実施したいのは、引き渡し前に風量計で給気口と排気口の風量を測定して、設計値通りかを確認することだ。設計と異なっていたら開度を1カ所ごとに調整し直す。風量計がなくても、ティッシュペーパーで風量の目安はつかめる（防止策1）。

換気設備にたまったほこりなどで風量が減らないよう、設備本体は手の届きやすい場所に設置したほうが良い（防止策2）。

洗濯物を室内に干す場合はその場所に換気設備の設置を勧める。その際は、熱損失を増加させず、24時間の計画換気を乱さない機種選定が必要だ（防止策3）。

※ 北欧住宅研究所の川本清司氏の著書「気密性能と換気計画」（北欧住宅研究所発行）には、圧力抵抗を計算する独自の方法やダクト施工のミスを防ぐ方法、建物の気密性能と自然漏気量の関係などが詳しく書かれている。

結露を招く断熱ミスと対処法

浴室・玄関・基礎
断熱境界の混乱が多い

断熱境界の処理に誤解が多いのが浴室と玄関回りだ。
床断熱と基礎断熱を併用する箇所で、部分的に断熱材を省くと熱的境界が不明瞭になってしまう。

事例1
[浴室の不適切施工]
基礎断熱を施していたユニットバスの床下。基礎と土台の間に通気パッキンが使われているため、冷たい外気が侵入している
(写真・資料：25ページまで特記以外は住まい環境プランニング)

壁とユニットバスの間に気流止めがないためユニットバスの回りを床下の冷たい空気が覆っている。ユニットバスの天井側にも気流止めがなく、天井の断熱材が2階外壁の断熱材ともつながっていなかったので、断熱性能をほとんど発揮できていない状態だ

ユニットバスの床下以外は床断熱を採用していた。奥に見えるユニットバスの基礎断熱を配管が貫通しているが、貫通部に気密処理が施されていなかった

　浴室・脱衣室と玄関・勝手口まわりは、断熱施工のミスが多い場所だ。どちらも床断熱と基礎断熱を併用する、部分的に断熱材を省略するなど断熱仕様を複雑にして、「外気」と「室内」を区分する「熱的境界」が不明確になった事例が少なくない。

　事例1は「暖房しても家が暖かくならない」と建て主が訴えた、岩手県内に建つ築3年弱の住宅だ。新築時の元請け会社に代わって相談を受けた住宅会社の依頼で、住まい環境プランニングが原因を調査した。

　最も寒い場所が浴室だ。ユニットバスの床下は押出法ポリスチレンフォーム（XPS）を張った基礎断熱、浴室以外の床下はフェノールフォームを張った床断熱を採用していた。断熱性能を示す熱損失係数は、1999年省エネルギー基準でⅡ地域の値を満たすレベルだ。

　床下を調査すると不適切な施工が複数見つかった。まず、ユニットバスの床下の基礎と土台の取り合い部に通気パッキンが使われていた。そこから外の空気が入り込み、ユニットバスの床や浴槽の底が冷たくなっていた。基礎断熱は床下を熱的境界の「室内」にする方法なので、基礎と土台の間は気密パッキンなどで気密処理するのが正しい施工だ。通気パッキンでは基礎断熱の意味を成さない。22ページの**事例2**も同じパターンの間違いだ。

　事例1の脱衣室は床断熱なので、基礎と土台の間に通気パッキンを正し

● 事例1で推定される不具合原因

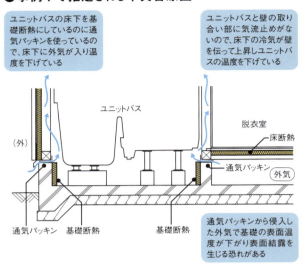

ユニットバスの床下を基礎断熱にしているのに通気パッキンを使っているので、床下に外気が入り温度を下げている

ユニットバスと壁の取り合い部に気流止めがないので、床下の冷気が壁を伝って上昇しユニットバスの温度を下げている

通気パッキンから侵入した外気で基礎の表面温度が下がり表面結露を生じる恐れがある

● 断熱構造のユニットバス下部の施工例

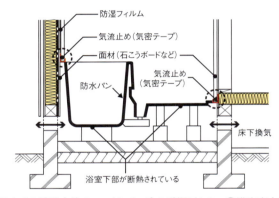

気流止めの設置方法の一つとして、次の手順がある。①浴室室内側に石こうボードなどの面材を設置する②ユニットバスの防水パンを設置する③面材と防水パンの隙間を気密テープにより処理する。その際、ユニットバス上部の施工に支障がないよう注意して気密テープを貼り付ける。なお、浴室室内側に面材を設置しない場合は、気流止めの施工が難しくなるため注意が必要（資料：住宅の省エネルギー基準の解説）

事例2 [浴室の不適切施工]
温熱環境のコンサルティングに実績のある福田温熱空調が気密測定を頼まれた現場。基礎にウレタンを吹き付けて基礎断熱にする仕様だが、基礎と土台の間に通気パッキンが使われている。気密パッキンが正しい仕様だ。基礎に設けた人通口も塞ぐ必要がある（写真：下も福田温熱空調）

事例3 [浴室の不適切施工]
福田温熱空調が気密測定を頼まれた現場。石こうボードとユニットバスの取り合い部に必要な気流止めの措置を忘れていた。床下の冷たい空気が石こうボードとユニットバスの間に侵入してしまう

く使っていた。熱的境界がどこにあるかを正しく理解していないと2つのパッキンの使い分けを間違えやすい。

床下が熱的環境の「外気」になっているのに、床と壁の取り合い部に気流止めを付けていないことも分かった。床下の冷たい空気が壁内に侵入して、ユニットバスと脱衣室の壁を冷やしていたのだ。

熱的境界が不明確になっている場合のリスクは、部屋が寒くなりエネルギー消費量が増えることだけではない。表面結露や内部結露のリスクも高まる。高断熱住宅で断熱している部分としていない部分の温湿度の差が大きくなるほどリスクが増大するので、細心の注意が必要だ。

床断熱は気密処理が多数必要

事例3は、断熱材を浴槽と床に施したユニットバスを使う代わりに基礎の断熱を省略した現場でのミスだ。ユニットバスと壁の石こうボードの取り合い部に気流止めがない。**事例1**と似たパターンだ。

断熱仕様のユニットバスを採用する代わりに基礎の断熱を省略する仕様は、2009年に改正された「住宅に係るエネルギーの使用の合理化に関する設計、施工及び維持保全の指針」（09年基準・設計施工指針、告示378号）で加わった。左下の図

防止策1 洗面脱衣室も基礎断熱に

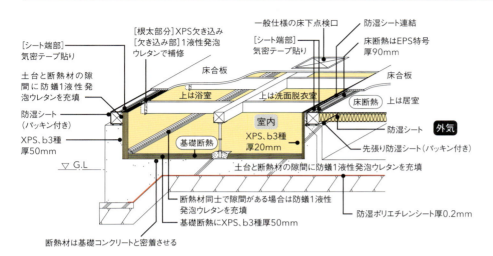

ユニットバスだけでなく洗面脱衣室も基礎断熱にする。床下が熱的境界の「室内」になるので、床下点検口の気密処理を省けるなど施工が容易になる。基礎断熱のポイントは、土台と基礎の間に気密パッキンを挟み、土台と基礎や断熱材との隙間を防蟻1液性発泡ウレタンで塞ぐこと。洗面脱衣室に隣接する居室が床断熱の場合は土台と基礎の間にパッキン付き防湿シートを挟み、洗面脱衣室側の土台と基礎の立ち上がりを断熱材で覆う。ユニットバスの下を点検しやすくするため、基礎断熱の範囲は基礎の立ち上がりがなくてもよい構造とする

防止策2 人通口は断熱材で塞ぐ

人通口のある区画を基礎断熱にするには、人通口を塞いで「室内」にする。板状断熱材で人通口を塞ぎ、ウレタンを吹き付けて気密性を確保する。配管の貫通箇所の隙間も、ウレタンを吹き付けて塞ぐ（写真：福田温熱空調）

事例4 ［玄関の不適切施工］
土台と基礎の取り合い部に隙間が空いて、土間に冷たい空気が侵入している。床の断熱材に張った防湿シートも途中で切れているので、断熱材に湿気が入る恐れもある。土台と基礎の間に気密パッキンを挟み、防湿シートを土間まで下げて気密性を確保する必要がある

は、この設計施工指針の解説書「住宅の省エネルギー基準の解説」（建築環境・省エネルギー機構が発行）に記された説明図だ。気流止めの記載がある。

ただ、住まい環境プランニングは設計施工指針の改正後も、従来のユニットバスを採用して床下を基礎断熱にする仕様を推奨している。理由の第1は、断熱仕様のユニットバスで欠かせない気流止めは、施工が難しいからだ。

狭い床下に潜って作業するので手が届きにくく、施工状態を確認できない箇所が生じやすい。気流止めをきちんと施工できていないと、熱ロスと結露のリスクを抱えることになる。

第2は、断熱性能が限られる断熱仕様のユニットバスより、断熱性能を十分確保した基礎断熱の方が、浴室も浴槽内の湯も冷えにくくなるからだ。断熱材を基礎の立ち上がり部分と底盤に施した場合、ユニットバスと床下の表面温度差は寒冷地でも3℃程度なので、熱損失はわずかだ。

第3は、基礎断熱の方が床断熱より気密処理工事が少なくなるからだ。床断熱は給排水管の貫通部、間仕切り壁の端部など気密処理が必要な箇所が多岐にわたり、気密上の不具合が生じやすい。住まい環境プランニングが気密試験を実施した経験では、床断熱から基礎断熱に変更する

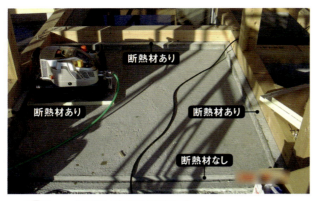

事例5 [玄関の不適切施工]
土間を囲む基礎の3面は断熱材を施しているが、玄関ドア側の面には断熱材がない現場。土間は玄関ポーチとつながるので熱的境界の「外気」になってしまう。土間を「室内」にするには玄関ドアの下の土間コンクリートをはつり、断熱材を埋め込む

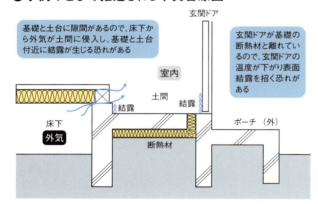

事例6 [玄関の不適切施工]
基礎の立ち上がり部分の室内側に断熱材を張ったため、断熱材が玄関ドアから離れてしまった現場。玄関ドアの位置が「外気」になるので、結露が生じやすくなる。結露を防ぐには、玄関ドアにつながる位置に断熱材を施工し直すか、玄関ドアと断熱材の間をウレタンでつなぐ

● 事例4と6で推定される不具合原因

基礎と土台に隙間があるので、床下から外気が土間に侵入し、基礎と土台付近に結露が生じる恐れがある

玄関ドアが基礎の断熱材と離れているので、玄関ドアの温度が下がり表面結露を招く恐れがある

13年基準・設計施工指針の解説書。書名は「平成25年省エネルギー基準に準拠した算定・判断の方法及び解説」。建築環境・省エネルギー機構が販売

玄関・勝手口の解説が一部変更

2009年の設計施工指針（09年基準・設計施工指針）改正で、「玄関・勝手口の土間」が断熱材を省略してもよい部分に加わった。ただし、設計施工指針の解説書には以下の注意事項が記された。「省略すると部分的に熱的な弱点が生じる。寒冷地では断熱施工を行うことが望ましい」「断熱材を省略できるのは土間床の面積が概ね$4m^2$を超えないものに限る」「土間断熱はⅢ～Ⅴ地区で土間床の合計面積が玄関のある階の1割以下に限る」などだ。

13年9月に交付された13年基準・設計施工指針（告示907号）の附則でも、玄関・勝手口の土間は断熱材を省略してもよい点は変わっていない。ただ、解説書では省略してよい面積の条件に関する記述がなくなった。告示の附則について国土交通省住宅生産課は「断熱構造とする部分は外皮性能で評価できるようにしている。玄関・勝手口の土間床部分を断熱することが望ましいという考えは従来と変わらない」と説明する。

ことで、隙間相当面積が0.5～$1.0cm^2/m^2$小さくなる。

基礎断熱にすると基礎に人通口を開けられないので、床下が点検できなくなると問題視する声がある。住まい環境プランニングは、以下の方法で点検を可能にする。

1つはユニットバスと脱衣室の両室を基礎断熱にして、脱衣室に床下点検口を設ける方法。床下が「室内」になるので床下点検口の気密処理を省ける（**防止策1**）。

もう1つは人通口を開けるが、点検時以外はその部分を板状の断熱材で塞ぎ、断熱材の隙間をウレタンで気密処理する方法だ（**防止策2**）。

09年の設計施工指針改正では、「玄関・勝手口の土間」も断熱材を省略してよい部分に加わった（上参照）。しかし、住まい環境プランニングはこの部分も基礎断熱するよう勧める。断熱材を省略すると玄関や勝手口が熱的境界の「外気」になり、熱ロスと結露のリスクを抱えるからだ。寒冷地では建て主からクレームを受けて、土間を断熱するようになった住宅会社が少なくない。設計施工指針

防止策3　仕様を基礎断熱にそろえる

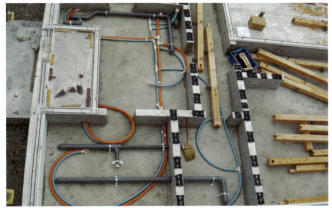

写真と図のように、基礎の外周の立ち上がり部分の両側と底盤の下全てに断熱材を施し、家全体を基礎断熱にする。断熱仕様を統一した方が施工ミスは発生しにくくなる。右上の写真のように、玄関ドアの下に生じる隙間はウレタンで塞ぎ、モルタルやタイルで仕上げる。モルタルやタイルだけでは断熱欠損が生じてしまう

図中ラベル：
- 玄関ドア下枠と断熱材の隙間に防蟻1液性発泡ウレタンを充填
- 外周の断熱材は基礎天端より10mm下げる（基礎工事時）
- 土台用パッキン付き気密シート（土台敷き込み時）
- 土台と断熱材の隙間に防蟻1液性発泡ウレタンを充填（建て方完了時）
- 土間
- 室内
- 玄関ドア部分
- 玄関ドアの下枠にモルタル充填
- 上がり框の床下
- ポーチ（外）
- XPS、b3種30mm（防蟻）
- 室内
- 断熱材を切り取らない（基礎工事時）
- XPS、b3種30mm（防蟻）
- ▽G.L
- 外周基礎
- 内部基礎
- ポリエチレンシート厚0.2mm敷設、ジョイントと配管立ち上がり部分は防湿気密テープで処理する（基礎工事時）
- XPS、b3種50mm（防蟻）（基礎工事時）
- XPS、b3種50mm（防蟻）
- 立ち上がり基礎断熱はコンクリート一体打ち込みとする（基礎工事時）

が示す仕様でも、不具合が生じれば建て主に対応を求められる。

玄関側の断熱材は位置に注意

23ページの**事例4**は、玄関より室内側を床断熱、土間を基礎断熱にしている現場だ。土台と基礎に隙間が生じているため、床下の冷たい空気が土間に侵入してしまう。基礎の立ち上がり部分に断熱材がないことも、結露リスクを高めている。

土間を熱的境界の「室内」にしたい場合は、土台と基礎を気密パッキン付き防湿シートで覆い、基礎の立ち上がり部分を断熱する（**防止策3**）。

事例5は、土間を囲む3面の立ち上がり部分に断熱材を施工して、玄関ドア側の面に断熱材を施工していない現場だ。土間以外の床下は「室内」になるが、土間は玄関ポーチがつながる「外気」になるので、土間が冷えてドアの周囲が結露する恐れがある。

事例6は、基礎の立ち上がり部分の内側に断熱材を施工したため、ドアと断熱材が離れてしまった現場だ。玄関ドアの位置は「外気」になるので結露が生じやすい。玄関ドアは柱の半外側に設置するので、断熱材は立ち

●玄関ドアと断熱材の納まり

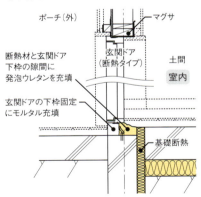

図中ラベル：
- ポーチ（外）
- マグサ
- 断熱材と玄関ドア下枠の隙間に発泡ウレタンを充填
- 玄関ドア（断熱タイプ）
- 土間
- 室内
- 玄関ドアの下枠固定にモルタル充填
- 基礎断熱

上がり部分の外側に施工する必要がある。立ち上がり部分の内側で断熱したい場合は、玄関ドアと断熱材の間にモルタルを充填して玄関ドアと断熱材をつなげる（上の図）。

結露を招く断熱ミスと対処法

窓
高断熱サッシなのに結露

断熱性能を高めたサッシでも結露は発生する。
結露が生じるのは、サッシ下端の框とぶつかる辺りのガラス部分だ。その理由と対策を解説する。

サッシが結露していた部屋の様子。結露が発生したときの温湿度を写真に記した

- 室内……18.8℃
- 相対湿度……41.1%
- 露点温度……5.3℃
- 外気……-5.7℃

事例1
上は岩手県滝沢市に建つ木造住宅で1月に撮影した、木製サッシの下端が結露したときの様子。枠やガラスの中央には結露はない。サッシはデンマーク製で、厚さ4mmのアルゴンガス入り複層ガラスを使用している。下はサッシ下端のアルミスペーサー付近の温度を計っているところ。露点温度より低い5℃だった(写真：29ページまで住まい環境プランニング)

- 枠の上部 13℃
- ガラス中央部 11.1℃
- 枠の中央部 12℃
- ガラス下端のコーナー部 5℃

「アルゴンガス入り複層ガラスの木製サッシが結露した」「樹脂サッシなのに水滴がたまっている」——。冬になると住まい環境プランニングの元に、住宅会社や居住者から断熱サッシに関するこうした問い合わせがしばしば寄せられる。

事例1〜3は、東北地方の住宅で断熱サッシが冬に結露している様子だ。窓の枠は事例1が木製、事例2が樹脂製、事例3がアルミ樹脂複合製で、3つとも複層ガラスだ。

3つに共通するのは、サッシ下端の框とぶつかる辺りのガラス部に結露が発生していることだ。なぜここが結露するのだろうか。

事例1の木製サッシが結露しているタイミングで露点温度を表示する温湿度計で測ったところ、外気がマイナス5.7℃、室温が18.8℃、室内の相対湿度が41.1%、室内の露点温度が5.3℃となっていた。次に放射温度計で室内側の窓の表面温度を測ると、ガラスの中央部と枠は露点温度より高い11.1℃と12℃なのに、ガラス下端は5℃と露点温度を下回った。

ガラス下端の表面温度が低い理由の1つは、ガラスの端をぐるりと囲んでいるスペーサー(複層ガラスの中空層を形成する部材)がアルミで作ら

事例 2

Low-E複層ガラス入りの樹脂サッシが結露している様子。ガラスの下端から5mmの範囲に結露が発生している。スペーサーはアルミ。このときの外気温はマイナス6.1℃、室内は22℃、相対湿度40%、露点温度は8℃。岩手県滝沢市に立つ木造住宅で冬に撮影

事例 3

Low-E複層ガラス入りアルミ樹脂複合サッシが結露している様子。ガラスの下端だけでなく框にも結露が生じている。このときの室温は20.9℃、相対湿度は45.9%、露点温度は8.7℃、戸車付近の表面温度は5.2℃。岩手県滝沢市に立つ木造住宅で冬に撮影

事例 4

鋼製の断熱玄関ドアの室内側で、断熱を施していない枠と戸先に結露が発生している様子。盛岡市に建つ木造住宅で冬に撮影。枠の結露を減らす方法として、枠を木製のカバーで覆う方法などがある。木製や樹脂製の玄関ドアには枠にも断熱性能を施したものがある

事例 5

北向きの部屋の2重サッシで、アルミ製の外窓と樹脂製の内窓、窓台、壁紙に結露が生じている様子。LDKに干していた洗濯物の水蒸気がこの部屋に流入し、結露を助長していた。結露を減らすには、内窓を断熱気密性能の高い複層ガラスにして枠や框の回りの隙間をシーリングで塞ぐ

れている点にある。アルミは熱伝導率が高いので、ヒートブリッジとなって外の冷たい温度を伝えやすい。国産の断熱サッシは樹脂や木の枠に複層ガラスを使うなど、枠とガラスの断熱性能を高めているが、スペーサーはアルミが多数を占めている。

さらに、サッシ付近の室内空気がガラスからの熱損失で冷やされ、冷たい下降気流が生じている点も一因だ。コールドドラフトと呼ばれる現象で、これによってガラス下端の温度が低くなる。一般的にコールドドラフトは上部と下部に約3℃の温度差をつくると言われる。

温暖地でも結露する可能性が

断熱サッシの下端に生じる結露を防ぐ対策の1つは、ヒートブリッジの原因であるスペーサーを熱伝導率の低い樹脂などにすることだ。**防止策1**の断面図は、Low-E複層ガラスにアルミスペーサーと樹脂スペーサーを組み合わせて表面温度を解析したものだ。室内は20℃、外気が0℃を条件とした。スペーサーから離れた場所の温度は同じだが、下端は樹脂スペーサーのほうが2.7〜2.9℃高い。

29ページ左上のグラフは、断面図

防止策1　複層ガラスは熱伝導率が低いスペーサーを選ぶ

ガラス下端の結露を軽減するため、樹脂スペーサーの複層ガラス入り木製サッシを採用した現場。サッシはガデリウス・インダストリーの「エリートフェンスター」

●スペーサー別複層ガラスの表面温度

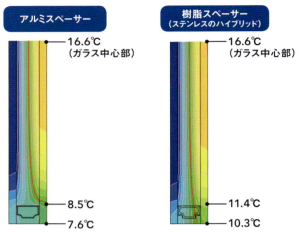

（資料：次ページの上もテクノフォルムバウテックジャパン）

防止策2　サッシ下端を暖める

上の写真と右の図面は、ガラス下端が結露しないように、出窓の中にパネルヒーターを設置してガラス下端を暖める工夫。右の写真は、サッシとカーテンの間にパネルヒーターを設置して、暖気がカーテンの内側を通って真上のサッシに向かうようにしている

出窓の中に配置した温水パネルヒーターの暖気がサッシの下端に向かって上昇するように、上下のスリットと遮蔽板を取り付ける
（資料：次ページの下も住まいの環境プランニング）

と同じ条件で枠とガラス、スペーサーの組み合わせを変えて下端の温度を解析したものだ。樹脂サッシに樹脂スペーサーを組み合わせたタイプは、露点温度の9.3℃を超えているのに対し、アルミ樹脂複合サッシにアルミスペーサーを組み合わせたタイプは露点温度を下回っている。

温暖地でも外気が0℃になることは珍しくはないので、後者のタイプは温暖地でも結露する可能性を示してい

る。ガラスを変えるより、スペーサーの断熱性能を高める方が、下端の温度が上がることも分かる。

結露対策の第2は、窓の下に暖房機を設置して、ガラスの下端を暖めることだ（**防止策2**）。コールドドラフトを防ぐ効果もある。

枠回りの隙間を埋める

断熱性能をうたう玄関ドアでも、冬

に表面結露が起きることがある。**事例4**だ。鋼製の断熱玄関ドアの上枠と戸先部分がぬれている。鋼製の断熱玄関ドアは扉材や枠と扉が接する一部に断熱材を施しているが、枠には施していないものがある。この場合、枠がヒートブリッジになり結露を招く。結露があまりにも気になる場合は、枠が木製や樹脂製のタイプを選びたい。

内窓を後付けする断熱改修が人気だが、内窓に結露が生じることが

● サッシ別ガラス下端の表面温度

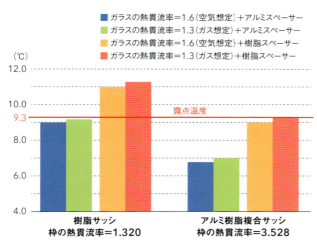

※外気温0℃、室温20℃、相対湿度50%の場合、樹脂スペーサーはステンレスとのハイブリッドを想定。熱貫流率の単位は、W/m²・K

● 住まい環境プランニングが提案するサッシ回りの納まり

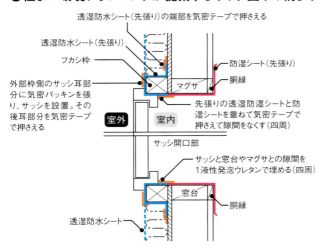

※付加断熱の場合の概要図。外壁や内装材の施工前の状態

防止策3　枠回りの隙間をウレタンで塞ぐ

サッシを躯体に取り付けた後、枠の回りに残る隙間に1液性の発泡ウレタンを充填した現場。隙間が狭くなり過ぎるとウレタンが奥まで入らず断熱欠損になりやすいので、枠の回りに10mm以上の隙間が空くようマグサや縦材を取り付ける。繊維系断熱材は本来の厚みを保てないような狭い所に押し込むと、断熱性能が低下することがある

防止策4　サッシ回りはシートを先張り

サッシと躯体の取り合い部分でシートの切れ目が生じないよう、サッシの取り付け前に防湿シートと透湿防水シートを部分的に先張りしておく。さらにサッシの耳の下に気密パッキンを挟み、外気が浸入する隙間をなくす

あるので注意が必要だ。**事例5**は外側のアルミ製サッシだけでなく、後付けした内側の樹脂製サッシと窓台、壁紙にも結露が大量に発生している。

樹脂製の内窓にもかかわらず結露した主な理由は3つある。まず、内窓に断熱性能が低い単板ガラスを使ったこと。次に、元々の外窓も断熱気密性能が低く、2枚の窓に挟まれた空間は外気温に近い状態だったこと。さらに、内窓の枠とその回りのまぐさや窓台、縦材との間に隙間があり、外窓に生じた結露水や冷えた外気が隙間から侵入していたこと。

結露のリスクを減らすには、断熱気密性能の高い複層ガラスの内窓を採用して、内窓の枠と回りの部材との隙間をシーリングで塞ぐとよい。

新築工事でも枠と回りの部材との隙間を塞ぐ作業をしておきたい（**防止策3**）。まぐさや窓台はサッシがはめ込みやすいようにひと回り大きく施工するため、枠との間に隙間ができる。隙間が空いたままだと断熱欠損になり、仕上げ材の表面に結露が生じる恐れがある。防湿層に不具合があり、隙間に室内の水蒸気が浸入すると、内部結露の危険性も高まる。

住まい環境プランニングは内部結露の原因となる雨水や水蒸気、外気がサッシと躯体の取り合いから入らないよう、シートを部分的に先張りして気密パッキンを挟む（**防止策4**）。

結露を招く断熱ミスと対処法

窓・軒天・壁内
断熱改修したのに結露

結露を抑制できると思われる断熱改修。ところが、改修後に結露が生じる事例が散見される。その理由と防止策を探ってみた。

事例1

[結露発生]
右は断熱改修が終わってから1カ月後、軒天に発生した染み。左は住まい環境プランニングの指示に従って修繕工事を行い、染みが消えた外観。染みは換気フードの真上にあった。既存住宅は築15年になる、1999年省エネ基準をクリアした通気工法の住宅だった（写真・資料：35ページまで住まい環境プランニング）

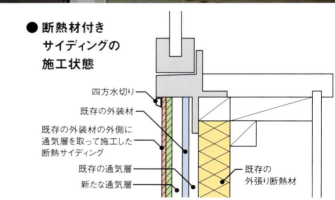

● 断熱材付きサイディングの施工状態

「内壁を壊さずに済む手軽な断熱改修で今より暖かくなり、暖房費用も半分に抑えられる」。**事例1**はリフォーム会社からこう説明を受けて、外壁を断熱改修した住宅だ。工事が終了してから1カ月後に、軒天に染みが発生した。居住者はリフォームしても暖かくなったと感じず、暖房費用も安くならなかった。

改修工事は、通気工法で張った既存の外装材の上に新たな通気層を設けて、断熱材付きサイディングを外張りするものだった。染みが出た位置は、浴室に設置した第3種換気の排気口の真上だ。

居住者に不具合の原因調査を頼まれた住まい環境プランニングは、排気口の排気量を風量計で測定した。設定値より排気量が大幅に小さかったことから、排気漏れが生じていると推定した。

それを確認するため排気口のフードを取り外すと、排気ダクトとフードにガムテープが巻かれ、それが剥がれていた。本来なら断熱材付きサイディングと通気層の厚さの分だけダクトを長くする必要があるところを、ガムテープでつなげるというずさんな工事をしていたのだ。

浴室内の湿気がガムテープの隙間から新たな通気層に浸入して軒裏にたまり、冷えて結露したのが染みの原因と判断した（上の図参照）。

リフォームしたのに暖かくならず、暖房費用も安くならなかった理由の1つは、通気層の外側に断熱材付きサ

● 事例1で推定される不具合の原因

浴室の湿気がガムテープの隙間から新たな通気層に浸入し、垂木や野地合板で結露が発生。結露水が落ちて軒天をぬらした

既存の外装材
断熱サイディング
既存の断熱材とダクトの取り合い部に発泡ウレタン充填
断熱サイディングとダクトの取り合い部をガムテープで施工
フード
既存の外張り断熱材
ダクト
浴室の湿気
既存の通気層
新たな通気層

断熱サイディングを既存の通気層の外側に施工しているので、断熱サイディングによる断熱性能の向上はわずかしか見込めない

事例2

[結露発生]
結露が発生した2階の複層ガラス入り樹脂サッシ。2階部分を断熱改修する際にアルミサッシから交換した

事例2の断熱改修しなかった1階では開放型ストーブを終日使用し、洗濯物を部屋干ししていた

イディングを張っていることにある。断熱材の位置が熱的境界の「外気」になるので、断熱材としては効きにくい。効果が見込めるのは遮熱だ。新旧の通気層をなくし、断熱材付きサイディングを直張りすれば効きやすくはなるが、内部結露のリスクが生じるので一般的な製品の施工マニュアルでは直張りを禁じている。

リフォーム会社が裏付け資料なしに「今より暖かくなり暖房費が安くなる」と説明していたことも問題だ。住まい環境プランニングでは、同じような営業トークを聞いた居住者から相談を受けることがよくある。

同社は断熱改修に取り組むリフォーム会社に対して、現状と断熱改修提案の各図面を基に熱損失係

● 事例2で推定される結露の原因

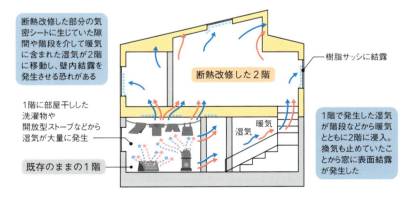

断熱改修した部分の気密シートに生じていた隙間や階段を介して暖気に含まれた湿気が2階に移動し、壁内結露を発生させる恐れがある

1階に部屋干しした洗濯物や開放型ストーブなどから湿気が大量に発生

既存のままの1階

断熱改修した2階

樹脂サッシに結露

1階で発生した湿気が階段などから暖気とともに2階に浸入。換気も止めていたことから窓に表面結露が発生した

数や年間の冷暖房コストなどを計算して、居住者に示すことを勧める（33ページ参照）。費用に見合った効果が得られるかを数値で判断できるので、居住者が改修内容を納得して決めやすくなる。

室内側の壁に手を加えないで断熱改修する方法として勧めるのは、既存の外装材を壊して既存躯体を断熱材で覆う方法だ。通気層がある場合は壊してから断熱材と透湿防水シートを張り、その外側に通気層をつくり

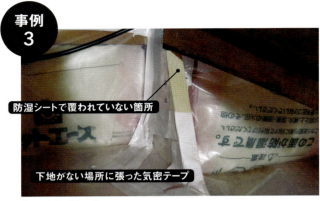

事例3

防湿シートで覆われていない箇所

下地がない場所に張った気密テープ

[不適切施工]
既存住宅の天井側から防湿シートを張っていた改修現場。防湿シートで覆っていなかったり、下地がない箇所で気密テープを張っていたりした。天井裏には横架材や吊り木などの既存部材があるので防湿シートに隙間が生じやすい。室内側から天井下地に張り付ける方が施工しやすく、隙間が生じにくい

事例4

室内側も外側もむき出しになっている鉄骨部分

[不適切施工]
鉄骨造の断熱改修で室内側から硬質ウレタンフォームを吹き付けている現場。鉄骨の室外側にはウレタンフォームを充填できないのでヒートブリッジになる。鉄骨部分は室内側も露出してしまっている

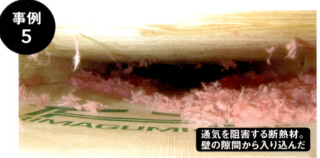

事例5

通気を阻害する断熱材。壁の隙間から入り込んだ

[不適切施工]
気流止めのない既存の壁内にグラスウールを吹き込んでいた現場。グラスウールが通気層まで入り込み、通気を阻害している。断熱材に空気が入ると断熱性能を低下させ、結露を招く恐れもある

直す。新築時の「外張り断熱」と同じだ。断熱材の貫通部の気密処理には1液性のウレタンを充填するなど、新築時と極力同じ品質で施工する。

ただ、改修では梁が外壁から出ている場合など、断熱材で既存躯体を全て覆えないことがある。壁と天井や屋根の断熱材がつながらないこともある。そうした箇所は隙間が生じて結露を招きやすいので、二重三重の対策が必要だ（**防止策1**）。

断熱と非断熱で空間を区切る

事例2は、「断熱改修すると結露しなくなると聞いたのに、改修した部分が結露した」と居住者がリフォーム会社にクレームを付けた住宅だ。

断熱改修は、床、壁、天井に室内側からグラスウールを入れる「充填断熱」を2階だけに実施していた。結露したのは改修で設置した2階の複層ガラス入り樹脂サッシだ。住まい環境プランニングが調査に出向いたところ、断熱改修していない1階に洗濯物がずらりと並び、開放型ストーブを終日運転していた。2階は換気扇を止め、夜だけ石油ファンヒーターを運転していた。

2階の窓の結露を招いた要因の1つは、1階と2階をつなぐ階段に仕切りがないことだ。1階で発生した大量の湿気が、階段を通って2階に浸入していた。改修前は壁などに隙間がたくさんあったので、湿気が浸入しても外に逃げていた。だが、改修後は部屋の気密性が高まったため、湿気は逃げ場を失い表面結露として現れた。

この事例のように住宅を部分的に断熱改修する場合は、断熱改修しない部屋との境界線を明確化して、断熱・気密性の高い室内建具で仕切る必要がある（**防止策2**）。

さらに、断熱空間と非断熱空間の境界線に充填する断熱材は、断熱空間側からだけでなく非断熱空間側からも防湿シートをかぶせるなど、両側からの湿気が壁内に浸入しないようにすることが望ましい（**防止策3**）。

事例2では、床下や天井裏をのぞき込むと、グラスウールを覆っている防湿シートの気密テープが所々で切れており、隙間が開いていた。隙間から断熱材に湿気が浸入して、内部結露が生じるリスクを抱えている。

事例3は、既存の天井裏から防湿シートを張った改修現場での不適切施工だ。ここでも、防湿シートがない箇所や、下地のない所で気密テープを張り合わせて剥がれやすくなっている箇所が見られる。

既存住宅

改修後

住まい環境プランニングが断熱改修をサポートする際に作成して居住者に見せる、省エネ基準適合判定書と年間冷暖房費計算書の例。改修費用に見合った断熱効果が得られるかどうかを数値で判断しながら改修方法を決めるので、「断熱改修したのに効果がない」といったクレームが出にくくなる。同社はこの書類を専用ソフトの「エネカル」（コーナー札幌）を使って作成している。「建もの燃費ナビ」（シーピーユー）で作成する場合もある

防止策1　外張り断熱は貫通部を断熱強化

代々守ってきた住宅の室内の雰囲気をできるだけ既存のまま残すため、外張り断熱で改修した事例。外張り断熱で覆えない既存の梁が多数あるうえ、壁と屋根の断熱材をじかにつなげることが難しいため、壁と屋根の取り合い部に内張り断熱の垂れ壁をつくるなど断熱を強化した。既存の梁が断熱材を貫通する箇所は1液性のウレタンを充填している。山井建設（岩手県滝沢市）が住まい環境プランニングのサポートを受けて設計・施工した

防止策2　断熱境界は高断熱・高気密建具で仕切る

●部分断熱の断熱境界線の例

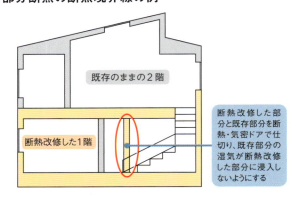

住宅を部分的に断熱改修する場合は、断熱改修しない部屋との境界線を明確化して、断熱・気密性の高い室内建具で仕切る。上の図は断熱空間と非断熱空間をつなぐ階段に高断熱・高気密建具を設置した事例

防止策3　断熱改修しない側からの湿気流入を防ぐ

●断熱境界線の断熱仕様の例

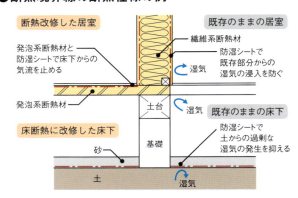

間仕切り壁に断熱材を入れて住宅を部分的に断熱改修する場合、断熱空間側からだけでなく非断熱空間側からも湿気が壁内に浸入する恐れがあるので、両側に防湿シートを施工するのが望ましい。透湿抵抗の高い断熱材を使用してもよい

　事例2や事例3のように、既存躯体への充填断熱は、断熱、防湿、気密の各層に隙間が生じやすいので、新築以上に丁寧な施工が欠かせない。壁内に既存の筋かいや胴縁、配管・配線などが多数ある場合は、断熱材を手で詰めて防湿シートで覆うより、機械を使って繊維系断熱材を吹き込んだり硬質ウレタンフォームを吹き付けたりする方が隙間は残りにくい（**防止策4**）。

　ただ、鉄骨造には充填断熱は良くない。**事例4**は、硬質ウレタンフォームを室内側から吹き付けているので、鉄骨の外側まで充填されず、結露する恐れがある。外側に断熱被覆が必要なので外張り断熱が適する。

　断熱改修が必要な古い既存住宅は、気流止めのない場合が多い。**事例5**は、気流止めのない既存の壁内にグラスウールを吹き込んだ不適切施工の現場だ。壁内に外気が侵入するので、断熱性能を低下させ、結露する恐れがある。気流止めが必要な箇所は、板状の断熱材やウレタンなどで隙間を塞ぎ、気密シートで覆う（**防止策5**）。

防止策4　充填断熱は隙間をなくしやすい方法で

壁内に既存の胴縁や配管、配線などが多数ある状態で室内から充填断熱する場合は、一般的に断熱材を手で詰めるより、機械で吹き込んだ方が隙間をなくしやすい（上2点の写真）。施工のポイントは防湿シートを下地にぴったり留め付けた上で壁内や天井裏に断熱材を吹き込むこと。吹き込み穴は作業終了後に密閉する。硬質ウレタンフォームの吹き付け（下の写真）の場合は、時間を掛けて隙間を塞ぐ。硬質ウレタンフォームのA種1とA種2は透湿抵抗が高いので、防湿シートを設置できない場合の内部結露防止にも役立つ

防止策5　断熱改修では気流止めの施工を忘れずに

間仕切り壁と床の断熱材の取り合い部に設置した気流止め

1液性ウレタンの気流止め

押し出し法ポリスチレンフォームの気流止め

築年数の長い既存住宅は気流止めがない場合が多いので忘れずに設置する（上の写真）。気流止めの方法は隙間の寸法に合わせて使い分ける。隙間が小さい場合は1液性ウレタンを充填する（中央の写真）。隙間が大きい場合は押し出し法ポリスチレンフォームを挟み込み、1液性ウレタンを周囲に充填する（下の写真）。どちらの場合もその上に気密シートを張って、気流を確実に止めることがポイントだ

結露を招く断熱ミスと対処法

軒天・壁内
外張り断熱で気密に失敗

外張り断熱工法を採用した場合、外壁と屋根や下屋などの取り合い部が重要だ。
気密が不十分だと結露に結び付いてしまう。

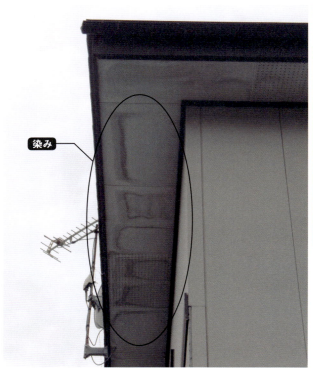

染み

2階の外壁の断熱材

下屋の通気層と通気垂木

事例1

[結露発生]

左は、黒い染みが発生していた軒天。築14年の住宅で、壁の断熱性能は1999年省エネ基準を満たしていた。上は、外壁と下屋の取り合い部の不適切な施工。下屋の通気層と通気垂木が見えている。外張り断熱工法は躯体の外側を断熱層と気密層で覆うので、通常は天井裏から通気垂木が見えない（写真：41ページまで住まい環境プランニング）

　事例1は、居住者から「月額5万～6万円もかかる暖房費をリフォームして抑えたい」と相談があった住宅だ。躯体の外側にプラスチック系断熱材を施した外張り断熱工法の住宅で、壁の断熱性能は1999年省エネ基準を満たしていた。

　外観をチェックすると、軒天の所々に染みが見つかった。住まい環境プランニングが減圧法による気密測定を試みたところ、室内と室外の気圧差はほとんど生じなかった。これは、隙間が多いことを示している。暖房費が高い原因の1つは、この隙間にあった。

　天井裏に入ると、躯体を覆っているはずの断熱材が2階の外壁と下屋の取り合い部で施工されていない状態を発見。きちんと断熱材が施工されていれば見えるはずのない下屋の通気垂木が露出していた。

　外張りの屋根断熱なので、小屋裏は室内側になる。ところが、室内より温度が低かった。下屋の通気層を通る外気が取り合い部から室内側に入り込んでいるからだ。ほかにも、断熱材同士の継ぎ目や構造材と断熱材の間で多数の隙間が見つかった。

　これらの状況から、軒天で発生している染みは、冬季に断熱材の隙間などから壁内に入り込んだ冷たい外気が室内の水蒸気を冷やして発生した結露の痕だと診断した（次ページ右上の図）。

気密テープは剥がれやすい

　プラスチック系断熱材の中には防湿シートを張らなくても防湿性を確保

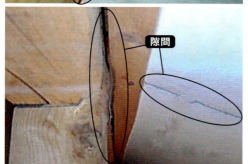

事例1の2階の外壁と下屋の取り合い部。断熱材の継ぎ目などに多数の隙間が空いている。気密テープなども張っていなかった

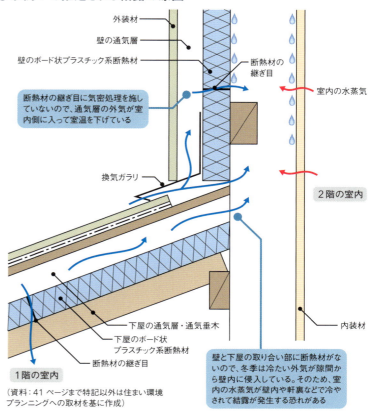

●事例1で推定される結露の原因

(資料：41ページまで特記以外は住まい環境プランニングへの取材を基に作成)

●プラスチック系断熱材の外張り工法の気密仕様の例

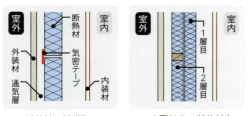

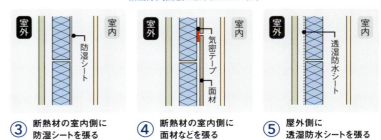

建築環境・省エネルギー機構が関わる「平成25年省エネルギー基準に準拠した算定・判断の方法及び解説」には、気密テープの押さえ材がないとテープが剥がれる恐れがあることと、面材を気密層とする場合は、下地材のある部分で継ぐことが記載されている
(資料：「住宅の省エネルギー基準の解説」建築環境・省エネルギー機構発行を基に作成)

できるタイプがあり、その分の手間を軽減できる。ただし、断熱材の継ぎ目などに隙間を生じさせないようにする注意は必要だ。

気密層の仕様の例として、「住宅の省エネルギー基準の解説」(建築環境・省エネルギー機構発行)には温暖地向けと寒冷地向けの計5種類が示されている(上の図)。気密性を示す相当隙間面積は、温暖地向けの①と②が2.0cm²/m²超5.0cm²/m²以下、寒冷地向けの③④⑤が2.0cm²/m²以下とされている。

ただ、各図にはテープやシートの具体的な施工法は示されていないので、現場によっては期待通りの気密性能が得られない恐れがある。

例えば①に該当する**事例2**は、断熱材の横方向の継ぎ目を気密テープだけで押さえている。

気密テープは経年劣化で剥がれ

事例2

[断熱材の継ぎ目]
断熱材の継ぎ目に、下地材がない状態で気密テープを張っている。気密テープだけだと経年劣化などで剥がれてくる恐れがある

事例3

[外壁と基礎の取り合い部]
外壁と基礎の断熱材の間に隙間があり、土台が見えている。土台部分で断熱欠損と気密欠損が生じているので、基礎断熱の床下で結露が生じる恐れがある

事例4

[外壁と窓の取り合い部]
窓枠とサッシに、気密パッキンを挟んでふかし枠を取り付けた現場。窓の枠材とふかし枠の間に隙間が生じている

事例5

[貫通箇所]
断熱材を柱に留め付けるネジが、柱からずれて壁内にむき出しになっている様子。ネジは外気に接しているので、冬季に壁内で結露する恐れがある。右の写真のように、ウレタンを吹き付けて断熱する必要がある。ネジが柱からずれないように改めて留め付ける

やすくなるので、室内側の気密テープの上に下地材が不可欠だ。

気密テープを通気層側に張る場合は、外気にさらされるので、もっと剥がれやすくなる。①と②は、下地材や2層目の断熱材で、1層目の断熱材の継ぎ目を全て塞がなければならない。大判の断熱材を使うなど計画的な割り付けが必要で、気密性を確保するのは案外難しい。

住まい環境プランニングが推奨するのは、気密層に構造用合板などの面材や防湿シートを採用し、断熱材の継ぎ目を全て覆う③と④だ。この2つは建物の形状で使い分ける。下屋やオーバーハング、セットバック、出窓があるような複雑な形状の場合は、面材より防湿シートを採用する方が施工しやすい。

同社では、③と④の仕様をベースに、きめ細かく気密処理を施している。③の場合は、初めに防湿シートを張り、シートの重ね代は柱など下地材がある場所で気密テープを使って張り合わせる。続いて断熱材を施工する。断熱材の外側の継ぎ目には気密テープを貼り、通気胴縁や通気垂木

防止策1　断熱材の室内側と外側で二重に気密

気密欠損が結露を招くので、隙間の発生を極力抑えるために断熱材の室内側だけでなく外側にも気密処理を施す。室内側の気密層に構造用合板や断熱材などの面材を使う場合は、下地材に気密パッキンを取り付けて面材を張る（左下の写真）。気密層に防湿シートを使う場合は、下地材のある所で防湿シートを重ねて、継ぎ目を気密テープで張り合わせる。断熱材の外側は継ぎ目を気密テープで塞ぎ、通気胴縁などで押さえる。継ぎ目の状態を確認できるように、半透明のテープを使うのがよい（右下の写真）。継ぎ目に隙間がある場合は、ウレタンを充填する

●断熱材の継ぎ目の納まり例

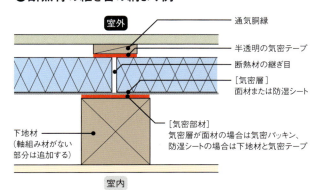

●外張り断熱工法で気密性を確保しにくい箇所

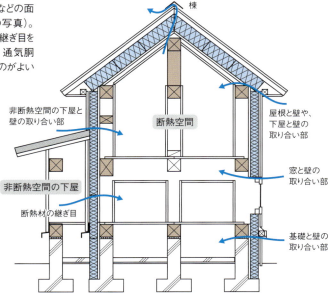

防止策2　外壁と基礎の取り合い部には粘着性の高い気密テープを

●外壁と基礎の取り合い部の納まり例

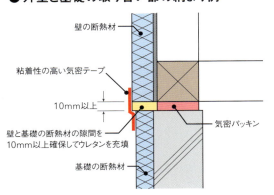

外壁と基礎の取り合い部は断熱材の継ぎ目にウレタンを充填し、断熱材の外側を気密テープで押さえる。断熱材に一般的な気密テープを張ると剥がれやすいので、住まい環境プランニングは粘着性の高い「バリオ・マルチテープSL」（マグ・イゾベール製）などを使用する。断熱材同士の隙間が狭いとウレタンを充填しにくいので、隙間は10mm以上確保する

防止策3　外壁と屋根の取り合い部はウレタンと気密テープ

●屋根と壁の取り合い部の納まり例

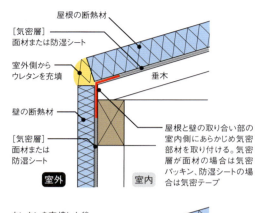

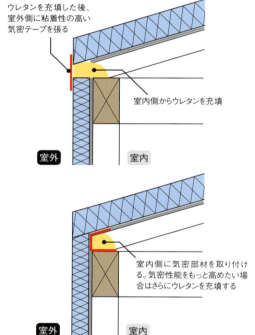

外壁と屋根の取り合い部は、ウレタンと気密テープを組み合わせて断熱・気密処理を施す。施工方法は現場ごとに使いやすいものを選ぶ。上の写真と図は、取り合い部の室内側に防湿シートや気密テープなどを張り、外側にウレタンを充填する方法。下の写真と中央の図は、取り合い部の室内側からウレタンを充填し、外側に防湿シートと気密テープを張る方法。下の図は室内側から気密テープとウレタンを施工する方法。気密層に面材を使う場合は気密パッキンを組み合わせる

●外壁と下屋の取り合い部の納まり例

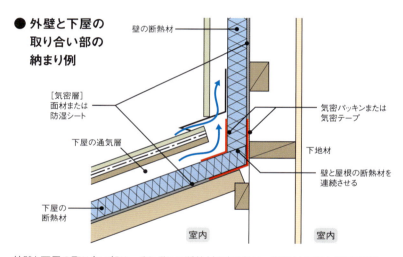

外壁と下屋の取り合い部は、それぞれの断熱材を突き付け、断熱材の室内側に防湿シートと気密テープを施工する。気密層に面材を使う場合は気密パッキンを組み合わせる。外側も気密テープまたはウレタンで気密処理を施す

で気密テープを押さえるようにする（**防止策1**）。

④は、柱や梁などの下地材に気密パッキンを取り付け、その上に面材の継ぎ目がくるように張り合わせる。それ以外は③と同じだ。気密パッキンの代わりに気密テープで面材の継ぎ目を塞いでもよい。

これらのポイントは2つある。1つは断熱材の室内側と外側に気密処理を施すこと。もう1つは、防湿シートと面材や断熱材の継ぎ目をそろえてパネルのように一体化して施工することだ。これらの工夫で相当隙間面積は0.2〜1.0cm²/m²にでき、結露のリスクを大きく減らせる。

取り合い部は二重三重に

外張り断熱工法で気密性を確保しにくいのは、外壁と屋根や下屋、基礎、窓などの取り合い部だ。これらの場所には二重三重の気密処理が必要になる。

外壁と下屋の取り合い部に不適切な施工があった**事例1**は、外壁と下屋の断熱材を突き付けるだけでなく、断熱材の室内側と外側の両方に気密テープを貼るなどの措置が必要だ（**防止策3**）。

防止策4　非断熱空間との取り合い部は外壁側を先に施工

外壁と非断熱空間の下屋や庇などの取り合い部は、壁の断熱・気密施工を先に終えてから、下屋や庇を取り付ける。下屋や庇を取り付けた後に断熱・気密施工をするより容易で施工精度も高い

先張りの断熱・気密材

防止策5　外壁と窓の取り合い部はシートで覆う

●外壁と窓の取り合い部の納まり例

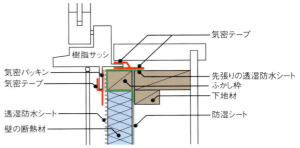

窓の取り合い部にはふかし枠が必要になる。ふかし枠回りは隙間が生じやすいので、以下の手順で気密を徹底する。①ふかし枠を覆うように透湿防水シートを先張りする（左の写真）②ふかし枠に気密パッキンを張って窓の枠材とサッシを取り付ける③下地材に防湿シートを張る④断熱材を張る⑤断熱材を透湿防水シートで覆い、サッシと透湿防水シートを気密テープで密着させる

　下屋が非断熱空間の場合は、取り合い部の断熱・気密施工を先にするように注意しておきたい。下屋を施工してから外壁の断熱材を張ると、継ぎ目を塞ぐのが難しくなるからだ（**防止策4**）。

　事例3は、外壁と基礎の取り合い部の不適切な施工だ。外壁と基礎の断熱材との間に隙間があり、土台が露出している。断熱欠損なので床下で結露が生じる恐れがある。この取り合い部は断熱材を突き付けるだけでは隙間がなくならないので、継ぎ目にはウレタンを充填し、粘着性の高い気密テープを貼って仕上げる（**防止策2**）。

　事例4では、外壁と窓の取り合い部で気密性が確保できていなかった。外張り断熱工法ではサッシの取り付け位置は断熱層の厚さの分だけ外側になるので「ふかし枠」が必要になる。ふかし枠に気密パッキンを張って窓の枠材とサッシを取り付けていたが、気密パッキンだけでは隙間を完全に塞ぐことができなかった。

　ふかし枠と断熱材を防湿シートと透湿防水シートで包み、気密パッキンと気密テープによる三重の気密処理で気密性を確保するのが望ましい（**防止策5**）。

結露を招く断熱ミスと対処法

壁内
付加断熱の施工で大量結露

結露の問題は施工中にも発生する。ここでは、付加断熱工法による施工中に大量の結露が発生した事例を通して、設計や施工上の注意点を学ぶ。

事例1 ［壁体内結露が発生］
右は工事中に壁体内結露が発生した宮城県内の住宅現場。結露は最初、1階の北面にしか発生していなかったが、4日後に1階の全面と2階の一部にまで広がった。室内側に充填した木質繊維断熱材に温湿度計を差し込むと、29.1℃、84.1%と表示された。湿度は外気を大幅に上回っていた
（写真と資料：47ページまで特記以外は住まい環境プランニング）

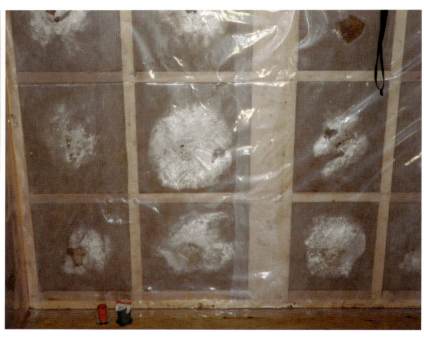

事例1は、夏季の現場で大量の結露が生じた付加断熱工法の住宅だ。結露したのは1、2階の壁や屋根に張った断熱材と防湿シートが接する面だ。住まい環境プランニングが住宅会社に原因の調査を頼まれた。

結露を発見したのは、防湿シートを張った翌日だ。室内側に90mm厚で吹き込んだ木質繊維断熱材内部の相対湿度は84.1%、温度は29.1℃だった。露点温度は26.5℃だ。

住宅会社は、上棟中に雨が降り、ベタ基礎のコンクリートに水がたまって土台と1階の合板や木材がずぶぬれになったことを告白した。

住まい環境プランニングは結露の原因を次のように推測した。雨が完全に乾かないうちに断熱材と防湿シートを施工したために、1階の木質繊維断熱材が湿気を吸い、雨にぬれなかった2階の壁や屋根まで水蒸気が移動。日射を受けて合板や木質繊維断熱材から水蒸気が放出する「蒸し返し現象」が発生し、その水蒸気が夜に露点温度を下回って結露した。

同社は、この住宅が外側にプラスチック系断熱材のA種押し出し法ポ

● 事例1の仕様

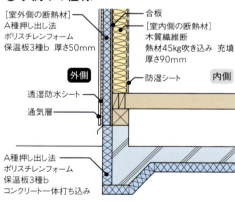

［室外側の断熱材］A種押し出し法ポリスチレンフォーム保温板3種b 厚さ50mm
［室内側の断熱材］木質繊維断熱材45kg吹き込み 充填厚さ90mm
合板
防湿シート
透湿防水シート
通気層
外側／内側
A種押し出し法ポリスチレンフォーム保温板3種b コンクリート一体打ち込み

（資料：47ページまで住まい環境プランニングへの取材を基に作成）

リスチレンフォーム保温板（XPS）3種bを張った付加断熱工法であることにも着目した。XPSは透湿抵抗が高いので、合板と木質繊維断熱材が吸っ

● 事例1で推定される結露の原因

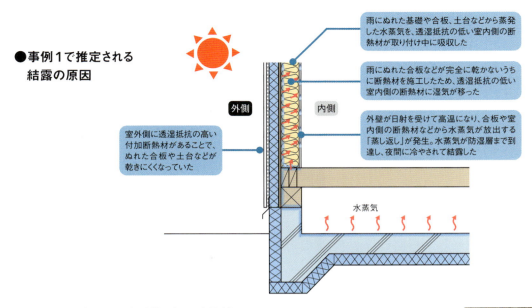

● 壁体内の含水量と相対湿度の計算値

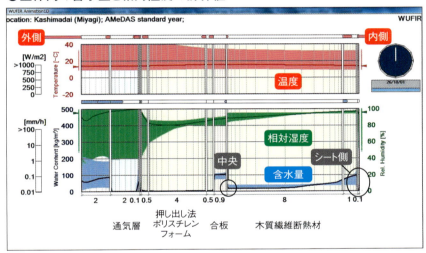

事例1の壁体内の含水量と相対湿度を、合板がぬれた状態で非定常計算した結果。WUFI（ヴーフィ、独・フラウンホーファー建築物理研究所が開発、イーアイが日本版を発売）という市販ソフトを使用した。初期の相対湿度と含水量を、合板は80％、75kg/㎥、木質繊維断熱材は95％、36kg/㎥に設定した。中央より防湿シート側の方が、値が大きくなっている

● 防湿シートの違いによる壁体内の含水量の推移

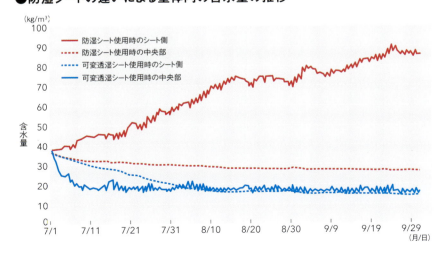

1階の建て方中に雨が降りびしょぬれになった現場で、床面とベタ基礎に水がたまっている様子。雨水の拭き取り作業が遅れた上、梅雨の影響で湿度の高い日が続いた。家中で床下の湿度が最も高くなっていた

防湿シートを破り、室内に扇風機3台と第三種セントラル換気設備、基礎断熱の床下に送風機3台と業務用除湿機2台を設置した。当初は外気の相対湿度が低いときに窓を開けていたが、なかなか乾かないため、室内に大型エアコン2台を追加した

防止策1　外側の付加断熱材がぬれないよう養生する

外側に厚い断熱材を張る付加断熱は、通常の養生では張り出した厚さ分が風にあおられて、シートがめくれやすくなる。そのため、幅広のシートを使い、押さえ桟をシートの外側に留め付けるなど、より丁寧な養生作業を行う。外側に繊維系断熱材を張る場合は、はっ水性のあるタイプを選ぶ。合板や木材が雨にぬれて含水率が上がると、その水分を断熱材が吸い込む恐れがあるので、断熱材を張る前から雨養生を施しておく必要もある

省エネ基準で仕様基準外の層構成にするための方法

❶ 断熱層が単一の材料で構成されている場合：透湿抵抗比を基準値以上にする
❷ 断熱層が複数の材料で構成されている場合：「定常計算」か「非定常計算」で内部結露と表面結露を計算する

定常計算 一定の設定条件下で、材料内部の温度分布を求め、その部位に当たる水蒸気圧を基に判定する。壁体内境界の水蒸気圧（次ページの内部結露分布図の点線）が同部分の飽和水蒸気圧（同図の実線）を上回ると内部結露が発生すると判定する

室内の設定条件：10℃、相対湿度70%　　**外気の設定条件**：建設地の最寒月の平均気温、相対湿度70%

非定常計算 時間の経過、温度による材料の透湿率の変化などを加味した熱水分同時移動方程式を基に判定する。3年以上もしくは周期定常状態になるまで計算する。12月1日〜4月30日の相対湿度が常に98%を超える場合や、同期間の容積基準含水率が相対湿度98%で平衡する値を上回る場合は内部結露が発生すると判定する

室内の設定条件：温度 $= 7.0 \cos \dfrac{2\pi (D-212)}{365} + 20.0$ （D=1月1日を起点とした延べ日数）、相対湿度70%

8月を計算式に当てはめると27℃、12月は16℃になる
外気の設定条件：建設地の拡張アメダス気象データの気温と相対湿度

（資料：住宅の省エネルギー基準の解説を基に作成）

た湿気を外側に逃げにくくしていると考えた。

湿気を吸った断熱材と躯体を乾かすため、防湿シートを破り、室内と床下に扇風機と第三種セントラル換気設備、大型エアコン、業務用除湿機などを設置した。36日後に相対湿度が乾燥状態の木質繊維断熱材と同程度まで下がったので、防湿シートを張り直し、対策工事を終えた。

事例1のように工事中に躯体が雨でぬれた場合は、素早く拭き取り、ぬれる前の含水率に戻るまで乾かすことが欠かせない。躯体や断熱材がぬれるのを未然に防ぐために、養生シートで覆っておくことも必要だ。

特に付加断熱で外側の断熱材を厚くする場合は養生シートで覆いにくくなるので、取り付けに工夫を要し、丁寧な作業が求められる。外側に繊維系断熱材を張る場合は、はっ水性のあるタイプがお勧めだ（**防止策1**）。

前ページ中段の図は、**事例1**と同じ層構成の相対湿度と含水量を、合板と木質繊維断熱材が水分を含んだ条件で計算したものだ。省エネ基準で防露性能を確認する高度な方法として記されている非定常計算で求めた。防湿シート側の相対湿度が100%に達し、夏型結露が発生する結果となった。

前ページ下のグラフは、一般的な防湿シートと、湿度の高い時期だけ湿気を逃がす可変透湿シートを張った場合を比較したものだ。可変透湿シートを張った方は壁体内の含水量が減った。木材がぬれるなど何らかの要因で断熱材が湿気を吸った場合でも、可変透湿シートなら結露を

[防湿シートがない場合の結露リスクを検証]

事例2　住宅の省エネルギー基準の解説に記されている付加断熱の仕様例を、防湿シートがない条件で定常計算した結果。防湿シートに欠損がある場合の冬型結露のリスクを、危険側で判断する方法だ。7（旧Ⅴ）地域では結露しなかったが、5、6（旧Ⅳ）地域以北は全て結露した。この例のように、温暖地の定常計算で結露しなくても、寒冷地の計算で結露する場合があるので、地域ごとの確認が不可欠だ

●4地域における計算結果

上は市販ソフトの「結露計算システム」（最新版は建築環境ソリューションズが販売）を使った定常計算結果の例。右上の図は内部結露の分布図。壁体内の水蒸気圧（点線）が同部分の飽和水蒸気圧（実線）を上回った箇所で、内部結露が発生する

●付加断熱の仕様例 / ●4地域の内部結露分布図

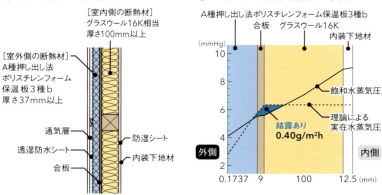

●全地域の計算結果

地域区分	計算結果
1、2（旧Ⅰ）地域	結露あり（結露水は1.58g/m²h）
3（旧Ⅱ）地域	結露あり（結露水は0.67g/m²h）
4（旧Ⅲ）地域	結露あり（結露水は0.40g/m²h）
5、6（旧Ⅳ）地域	結露あり（結露水は0.06g/m²h）
7（旧Ⅴ）地域	なし

●その他の付加断熱の定常計算結果

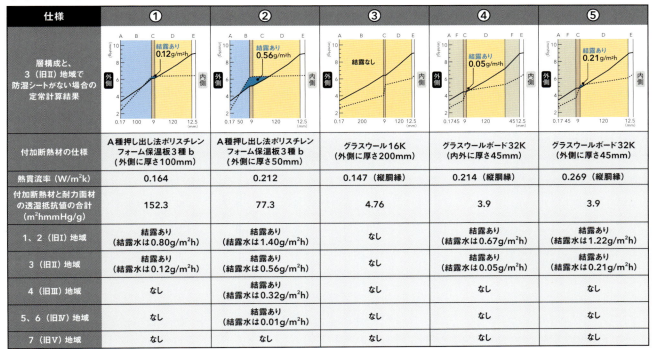

仕様	①	②	③	④	⑤
付加断熱材の仕様	A種押し出し法ポリスチレンフォーム保温板3種b（外側に厚さ100mm）	A種押し出し法ポリスチレンフォーム保温板3種b（外側に厚さ50mm）	グラスウール16K（外側に厚さ200mm）	グラスウールボード32K（内外に厚さ45mm）	グラスウールボード32K（外側に厚さ45mm）
熱貫流率（W/m²k）	0.164	0.212	0.147（縦胴縁）	0.214（縦胴縁）	0.269（縦胴縁）
付加断熱材と耐力面材の透湿抵抗値の合計（m²hmmHg/g）	152.3	77.3	4.76	3.9	3.9
1、2（旧Ⅰ）地域	結露あり（結露水は0.80g/m²h）	結露あり（結露水は1.40g/m²h）	なし	結露あり（結露水は0.67g/m²h）	結露あり（結露水は1.22g/m²h）
3（旧Ⅱ）地域	結露あり（結露水は0.12g/m²h）	結露あり（結露水は0.56g/m²h）	なし	結露あり（結露水は0.05g/m²h）	結露あり（結露水は0.21g/m²h）
4（旧Ⅲ）地域	なし	結露あり（結露水は0.32g/m²h）	なし	なし	なし
5、6（旧Ⅳ）地域	なし	結露あり（結露水は0.01g/m²h）	なし	なし	なし
7（旧Ⅴ）地域	なし	なし	なし	なし	なし

透湿防水シート（厚さ0.17mm）、A種押し出し法ポリスチレンフォーム保温板（XPS）3種b外張り、火山性ガラス質複合板（厚さ9mm）、グラスウール16K充填、石こうボード、グラスウールボード32K（厚さ45mm）。仕様①の付加断熱部は厚さ50mmの断熱材の上に455mmピッチで胴縁を設置し、その間に厚さ50mmの断熱材を取り付ける

● 主な付加断熱の結露リスク、施工性、コストの比較

仕様	①	②	③	④	⑤
層構成と、4（旧Ⅲ）地域で防湿シートがない場合の定常計算結果	結露なし	結露あり 0.32g/m²h	結露なし	結露なし	結露なし
付加断熱材の仕様	A種押出法ポリスチレンフォーム保温板3種b（外側に厚さ100mm）	A種押出法ポリスチレンフォーム保温板3種b（外側に厚さ50mm）	グラスウール16K（外側に厚さ200mm）	グラスウールボード32K（内外に厚さ45mm）	グラスウールボード32K（外側に厚さ45mm）
熱貫流率（W/m²k）	0.164	0.212	縦胴縁の場合は0.147、横胴縁の場合は0.136、はしご胴縁の場合は0.128	縦胴縁の場合は0.214、横胴縁の場合は0.184	縦胴縁の場合は0.269、横胴縁の場合は0.255
施工や雨養生の難しさ	張り出し寸法が大きいので雨養生が難しいが、外側の断熱材は雨を吸いにくい	張り出し寸法を抑えているため、雨養生はしやすい。外側の断熱材は雨を吸いにくい	張り出し寸法が大きいので雨養生が難しい。基礎の芯と躯体の芯をそろえて付加断熱を支えるなどが必要になる	張り出し寸法を抑えているため、雨養生はしやすい。はっ水性のグラスウールボードを使えば雨を吸いにくくなる	張り出し寸法を抑えているため、雨養生はしやすい。外側にはっ水性のグラスウールボードを使えば雨を吸いにくくなる
居室面積への影響	なし	なし	なし	少し狭くなる	なし
狭小敷地への対応	やや対応しにくい	対応しやすい	やや対応しにくい	対応しやすい	対応しやすい
工事費（⑤を1とした場合の目安）	1.5	1.2	1.5	1.4	1

透湿防水シート（厚さ0.17mm）、A種押し出し法ポリスチレンフォーム保温板（XPS）3種b外張り、火山性ガラス質複合板（厚さ9mm）、グラスウール16K充填、石こうボード、グラスウールボード32K（厚さ45mm）。仕様①の付加断熱部は厚さ50mmの断熱材の上に455mmピッチで胴縁を設置し、その間に厚さ50mmの断熱材を取り付ける

防げる可能性があることを示した。

防湿シートなしは冬型結露も

プラスチック系断熱材の外張り工法と繊維系断熱材の充填工法を組み合わせる付加断熱は、繊維系断熱材の室内側に防湿シートの施工が必要だ。ところが、プラスチック系断熱材の外張り工法は防湿シートを張らないケースが多いため、その内側に繊維系断熱材を付加した場合でも防湿シートを張り忘れたり、欠損に気付かなかったりすることがある。

住宅の省エネルギー基準の解説に記されているこのタイプの付加断熱の仕様例を、防湿シートがない条件にして、冬型の内部結露の有無を調べたのが、**事例2**上段の資料だ。防湿シートに欠損がある場合の結露リスクを、危険側で判定することになる。結果は5、6（旧Ⅳ）地域以北で結露するとなった。非定常計算より簡易な定常計算で調べた。

事例2下段の表は、厚さ120mmのグラスウール充填工法に、5タイプの付加断熱をそれぞれ組み合わせた壁断面を、防湿シートがない条件で定常計算した結果だ。ここでは耐力面材を火山性ガラス質複層板にした。

注目したいのは、付加断熱にXPSを使った①②の方がグラスウールを使った④⑤より断熱性能が高い（熱貫流率が低い）にもかかわらず結露しやすい結果となったことだ。

冬型結露の防止策は、透湿抵抗を室内側から室外側に向かって徐々に下げるのが基本だ。XPSはグラスウールより透湿抵抗が高いので基本に反する。基本にのっとり、外側を透湿抵抗の低い断熱材にするか、防湿シートの先張りで欠損を徹底的になくすことを提案する。

グラスウールを付加断熱にした三つの層構成にも一長一短がある。

③は断熱性能が最も高く結露リスクも小さいが、張り出し寸法が大きいので基礎の立ち上がりの芯と躯体の芯をそろえるなどして付加断熱を支える必要がある。グラスウールボードを外側と内側の両方に付加する④は、張り出し寸法が抑えられてほどほどの断熱性能を確保できる一方、部屋が狭くなる（上の表参照）。

グラスウールのように胴縁を使って付加断熱材を施工する場合は、胴縁の仕様にも気を使う必要がある。縦胴縁よりも横胴縁やはしご胴縁の方が柱との重なりが少なくなるのでお勧めだ（**防止策2**）。

防止策2　付加断熱部分の胴縁の熱橋を減らす

付加断熱材の胴縁は熱橋となるため、外壁の断熱性能は熱橋の面積分だけ低下することになる。熱橋面積は柱と重なる部分なので、縦胴縁（下の中央の図）より横胴縁（下の左の図と写真）の方が小さくなり、断熱性能の計算でも有利に働く。縦胴縁でも細い角材で組むはしご胴縁（下の右の図と写真）にすれば、さらに熱橋面積を減らすことが可能だ。前ページ表③の熱貫流率を見ると、縦胴縁が0.147W/m²Kに対し、横胴縁は0.136W/m²K、はしご胴縁は0.128W/m²Kとなる

[横胴縁]　[縦胴縁]　[はしご胴縁]

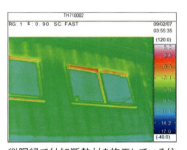

縦胴縁で付加断熱材を施工している住宅を赤外線カメラで撮影した画像。縦胴縁の線がはっきり現れ、熱が逃げていることが分かる

繊維系断熱材で通気が不十分な仕様は夏型結露の確認を

　実績のない断熱仕様に挑戦する場合は、定常計算や非定常計算などで結露リスクを確認することを勧める。水蒸気圧差を用いた定常計算で判定できるのは、冬型結露に限られる。夏型結露を判定していたこともあるが、もともと水分移動メカニズムが異なるため、現在では行っていない。冬型結露を判定する室内の温湿度条件は10℃、70％と決められている。1992年基準までは15℃、70％だったが、全国に建つ標準的な住宅の温湿度測定結果を踏まえ、99年基準で見直された。

　定常計算で結露が生じないと示せない場合は、非定常計算が要求される。非定常計算は拡張アメダス気象データなどその地域の年間気象データを用いて、3年以上もしくは周期定常状態になるまで計算する必要がある。そのため冬型結露だけではなく夏型結露も確認できる。非定常計算による夏型結露の確認が必要なのは、通気層がないなど通気措置が不十分で、かつ含水率が高い建材で構成される繊維系断熱の壁体など。こうした場合は、夏型結露で湿害が生じる可能性がある。

　湿気の移動は水蒸気圧差だけではなく、空気に伴って移動する水分の影響も受ける。移流という現象だ。2階の壁体や天井は圧力差がゼロになる中性帯より上にあるので、室内の空気が外部に流出する圧力が生じて結露しやすくなる。この検証には換気回路網との連成など、やや高度なシミュレーション技術が要求される。

（宮城学院女子大学の本間義規教授　談）

●非定常計算の1階と2階

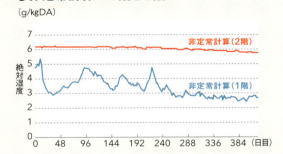

本間教授は高度なシミュレーション技術を用いて、結露やカビの発生原因とその防止策を研究する。上のグラフは移流を考慮して1階と2階の絶対湿度を計算した例だ。本間教授が解析した。1階より2階の方が高くなることが分かる。このような移流を考慮した「多数室温湿度シミュレーション」が、結露リスクの正確な判断には必要だ

結露を招く断熱ミスと対処法

壁内
袋小路の通気層が危ない

なぜか東面の壁だけに茶色の水染みができる。外から点検しても原因は分からなかった。
外壁を外すと内部は多湿状態だった。

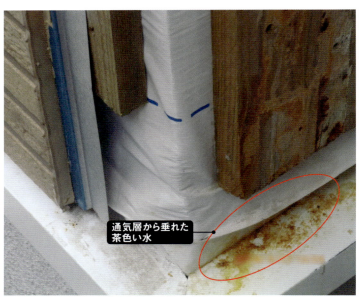
通気層から垂れた茶色い水

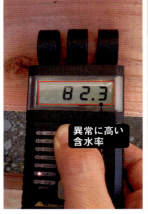
異常に高い含水率

含水率60%と通常よりも高い

写真1 左の写真が東面からのみ結露水が滴り落ちた壁。外壁を取り外している向かって右側が東面だ、胴縁が変色しているのが分かる。中央の写真が木部の状態。含水率は最高で82.3%もあった。土台などの部分でも含水率は60%程度と高かった
（写真：49ページまでハウゼコ）

　なぜ東面の壁だけが——。築数年の木造住宅で、東側の壁の水切りに茶色い水染みが見つかった。建て主からの連絡を受けて住宅会社が点検に向かったものの、外見からでは原因が分からない。不思議なことに、隣接する南面には何の痕跡もなかった。

　外壁材を外して通気層部を確認すると、その原因が分かった。内部は多湿状態となっており、木部を湿らせたうえに、結露した水が滴り落ちていたのだ。茶色い汚れは、木材の成分や金属のさびなどとみられる（**写真1**）。

　点検の結果、胴縁や土台材の含水率は60%から80%と高い値を示していた。このままずっと放置すれば腐朽に至る恐れもあった。

　外壁通気工法はほぼ普及したと言ってよい工法だ。躯体を透湿防水シートで覆って2次防水層を形成、さらに外壁材の間に通気胴縁を挟んで隙間を設けるところまでは多くの現場で実践されている。

　だが、通気層が想定通りに機能しているかどうかは分からない。通気層の下端や上端の処理に応じて条件が異なるからだ。

通気経路に緩衝材

　一般的には、通気層の下端は通気胴縁の厚みの分だけ空気が出入りする隙間を開ける。一方、上端側の処理は様々だ。この建物の場合、壁の通気層をそのまま小屋裏空間へつなげて、軒天に換気口を設けていた。

　換気部材メーカーのハウゼコ（大阪市）は住宅会社の相談を受け、「壁の通気層内部が多湿状態となったのは、通気経路の空気抵抗が大きすぎたせいだ」と推測した。

　軒天換気口は東面に1カ所しかなく、角から離れた中央に位置していた。加えて通気胴縁と軒天材の間には住宅用途ではあまり使われないサイディング材のバックアップ材が挟み込まれていた（**写真2**）。施工中に上端を傷つけないようにする措置だと考えられるが、これが通気の阻害要因になった。

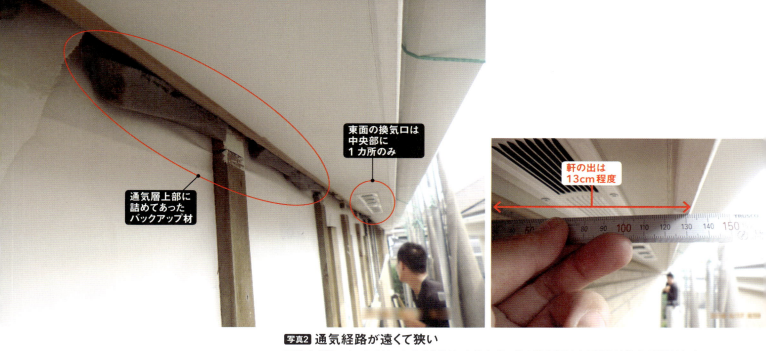

写真2 通気経路が遠くて狭い

不具合が見つかったのはいわゆる「軒ゼロ」住宅だ。壁の通気層は小屋裏と接続する計画だった。軒は13cmしかなく、しかも軒裏換気口は東面に1カ所しかなかった。さらに通気層の上端にはバックアップ材があった

手すり壁内で結露

通気経路の不具合が、サイディングに影響を及ぼした例もある。築浅の住宅にもかかわらず、バルコニーの手すり壁に取り付けたサイディングが、白く変色してしまったのだ（**写真3**）。屋内側でもクロス仕上げの端部が浮き、「雨漏りではないか」と建て主が不安に感じて不具合が見つかった。

バルコニーの手すり壁は外壁通気工法で仕上げられていたが、上端部に換気口がなかった。住宅会社から相談を受けたハウゼコの神戸睦史社長は、「笠木部材を取り外し、防水紙に穴を開けてみたところ、湿った熱気、木材が蒸れた臭いなどが立ち上ってきた」と振り返る（**写真4**）。通気層にたまった水分が結露。サイディングに裏面から浸透して、表面の劣化につながったようだ。

神戸社長は屋根や外壁材における換気口について、「設置要件などが厳密に定まっていない。しかし、住宅の劣化を食い止めるには欠かせないパーツだ」とその重要性を訴える。

写真3 サイディングが劣化した

バルコニーの手すり壁で、窯業系サイディング材が劣化した。色が全体に白くなったほか、汚れも目立つ

写真4 熱を帯び水分を含んだ空気が滞留

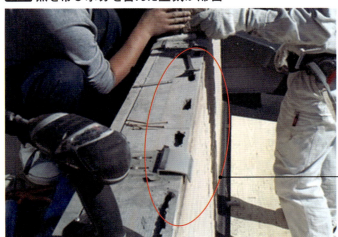

手すり部材を外し、防水紙に穴を開けた様子。すぐに熱気が立ち上ってきたという

結露を招く断熱ミスと対処法

小屋裏・壁内
防湿シートがあっても壁内結露

防湿シートを施工していても、結露が発生してしまう事例がある。失敗事例を詳しく見ながら、正しい防湿シートの使い方を示す。

事例1

金物の接合部がぬれている

結露水でぬれている

東北地方に建つ築3年の店舗併用住宅を冬に調査した時の様子。天井断熱を施した小屋裏の梁や垂木(右の写真)、野地板、火打ち金物(上の写真)などがぬれていた。住宅会社は住まい環境プランニングに原因調査を依頼する前、小屋裏に換気扇を設置したり、ぬれている部分に硬質ウレタンフォームを吹き付けたりしたが、結露は解決しなかった(写真・資料:55ページまで住まい環境プランニング)

ダウンライトまわりに隙間

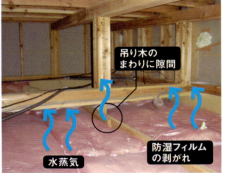

吊り木のまわりに隙間
水蒸気
防湿フィルムの剥がれ

左は桁下にある天井に敷かれた防湿フィルム付き断熱材を切り欠いて、ダウンライトを施工している様子。断熱材と防湿シートに欠損が生じていた。本来はダウンライトを納めるための四角いボックスを天井内につくり、ボックスの外側に断熱材を隙間なく充填して、ボックスと天井の防湿シートを連続させる必要がある。右は断熱材同士や吊り木のまわりなどに隙間が生じたり、防湿フィルムが剥がれたりしている様子

　上の**事例1**は、小屋裏を調べた際に、野地板などがぬれていることが発覚した店舗併用住宅だ。

　2階の湿度が異常に高い原因について調査を頼まれた住まい環境プランニングは、温度と湿度を測定し、夜は露点温度にまで温度が下がる条件を備えていることを確認した。1階を花屋に使用しており、多量の水蒸気が常に発生しているとも分かった。

　水蒸気には、絶対湿度※が高い所から低い所に拡散する特性がある。冬の暖房時は室内より外の方が絶対湿度は低いので、水蒸気が外に向かって流れる。この事例のように防湿層に欠損がある場合は、水蒸気が隙間を通って外に流れるため、天井裏の相対湿度※が高くなり、わずかな温度低下で結露が発生していた。

　断熱材にグラスウールやロックウール、セルローズファイバー、吹き付け硬質ウレタンフォームA種3などの断熱材を使う場合、断熱材の室内側に防湿部材を連続させ、隙間なく施工

※ 絶対湿度は、空気中に含まれる実際の水蒸気の密度。正確には「容積絶対湿度」と呼び、単位はg/m^3。絶対湿度には「重量絶対湿度」(単位はkg/kg')もある。
　相対湿度は、ある気温において空気中に含むことができる最大の水蒸気量に対する、実際の水蒸気量の割合。温度によって変化する。単位は%。

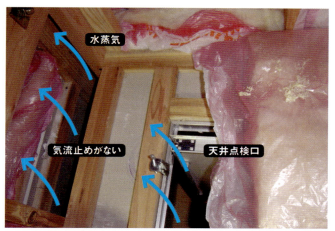

水蒸気
気流止めがない
天井点検口
点検口回りに隙間

上の写真の左側に見える隙間は、間仕切り壁の上端部。気流止めがないため床下や室内の水蒸気を小屋裏に運ぶ経路になっていた。中央に見えるのは天井点検口。気密性能を備えていない一般的なタイプなので、点検口の回りからも水蒸気が小屋裏に拡散している（下の写真）

●推定される事例1の結露の原因

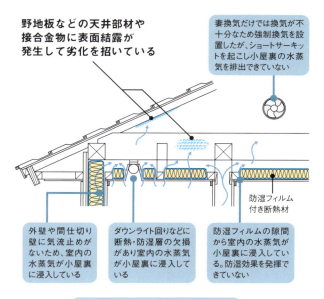

野地板などの天井部材や接合金物に表面結露が発生して劣化を招いている

妻換気だけでは換気が不十分なため強制換気を設置したが、ショートサーキットを起こし小屋裏の水蒸気を排出できていない

外壁や間仕切り壁に気流止めがないため、室内の水蒸気が小屋裏に浸入している

ダウンライト回りなどに断熱・防湿層の欠損があり室内の水蒸気が小屋裏に浸入している

防湿フィルムの隙間から室内の水蒸気が小屋裏に浸入している。防湿効果を発揮できていない

防湿フィルム付き断熱材

1階の花屋から大量の水蒸気が発生している

事例2

結露でぼろぼろになった木材

ガス管回りは内部結露が悪化

左の写真は東北地方に建つ築30年になる木造住宅で、浴室の内壁を解体した時の様子。密度10kg/㎥のグラスウールを100mm厚で施工していたが、防湿シートはなかった。壁内の断熱材に結露が広がり、木材は腐朽していた。右の写真は壁内のメーターボックス回り。ガス管が熱橋になっていた。外壁が通気工法でないことも結露を助長していたと思われる

する必要がある。

　隙間があると水蒸気が断熱材に浸入して滞留し、断熱材の断熱性能を低下させる。そのため、外気のわずかな温度低下で露点温度にまで達しやすくなるからだ。

　この住宅では断熱材としてグラスウールをポリエチレンフィルムで包んだ製品を天井に敷いていたが、防湿フィルムに多数の隙間が生じていた。

隙間はまず、吊り木やダウンライト、配線の周囲で見つかった。こうした部材が貫通する部分は、防湿フィルムの袋を剥がして断熱材を適当な大きさに切り取り、袋に戻して納めることになるが、剥がした部分の一部が開いたままだった。

　硝子繊維協会が作成する「グラスウール断熱材充填断熱施工マニュアル」によると、防湿フィルム付き断

熱材を天井断熱に使う場合は、防湿シートを別に張る必要がある。それも施工していなかった。

　事例1で見つけたもう1つの隙間は、外壁や間仕切り壁と天井の取り合い部だ。剛床でない場合は、煙突効果によって外気が床下から壁の中を上昇する。室内の表面温度より壁内の温度が低くなり、結露が発生しやすくなる。それを防ぐために壁の

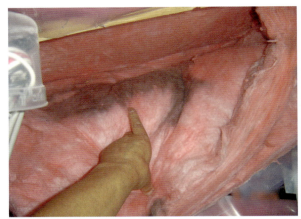

事例3 東北地方に建つ築1〜2年になる住宅の天井裏。ユニットバスの上部に当たる。受け材がない部分で防湿シートと気密テープを張り合わせただけで、ボード類の仕上げを施していなかった。防湿シートと気密テープを押さえるものが何もない状態だったため、次第にテープが剥がれ、水蒸気が浸入した

受け材なしの気密テープに隙間が生じる

防湿フィルムがめくれている

不良施工事例1
防湿フィルム付き断熱材を壁に施工していた現場。防湿フィルム同士の端部は30mm以上重ね、桁や胴差し、柱の見付け面に留めなければならないが、所々に隙間が生じていた。防湿フィルムがめくれて断熱材が露出している部分もある

コンセントボックス回りに隙間

不良施工事例2
防湿フィルム付き断熱材の上からコンセントボックスを押し込んでいた現場。断熱、防湿、気密を確保できていない状態だ。防湿フィルムと断熱材を切り欠き、コンセントボックスの裏側にグラスウールを充填した上で、コンセントボックスと周囲の防湿フィルムを隙間なくつなぐ必要がある

上下端部に木材や断熱材を使って「気流止め」を設ける必要があるが、施工されていなかった。

住宅会社は小屋裏にたまった水蒸気を排出するため、換気扇を後付けしていた。にもかかわらず結露が解決しなかったのは、換気扇の周囲に隙間があることでショートサーキットを起こし、計画通りに換気できなかったためだと考えられる。

気密テープが剥がれて結露

事例2は、防湿シートを施工していなかった築30年の住宅だ。断熱リフォームを頼まれ、内装材を剥がした時に、壁内結露を見つけた。グラスウールが変色し、建材の腐朽も招いていた。防湿シートを施工していても隙間があれば同様の被害が起こる恐れがある。

事例3は、築1〜2年の住宅の天井裏だ。ユニットバス上部の24時間換気設備の点検時に、断熱材の内

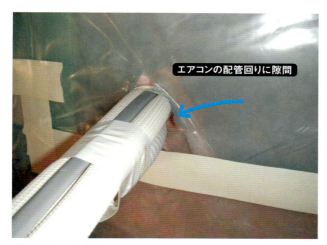

不良施工事例3

防湿シートを張った後に穴を開けてエアコンの配管を納めていた現場。開いたままの隙間から水蒸気が浸入できる状態だ。エアコン用のスリーブをあらかじめ取り付けてから断熱材と防湿シートを施工し、隙間にウレタンを充填する方法が望ましい

不良施工事例4

桁と梁の取り合い部で防湿シートを切り欠き、受け材のない所で防湿シートと気密テープを留めていた現場。受け材がないので剥がれやすい。取り合い部の防湿シートを後から張ると施工に手間が掛かるうえ、隙間を完全になくすことが難しいので、住まい環境プランニングは先張りを勧める

不良施工事例5

根太と間仕切り壁の取り合い部に隙間が生じている現場。床下の水蒸気と冷気が浸入し、壁内を通って小屋裏に流れてしまう。根太工法の場合は気流止めが必要だ

不良施工事例6

防湿シートが天井から垂れ下がっていた現場。この状態では天井の防湿シートが不連続になり、間仕切り壁の上部に隙間が生じる。防湿シートは本来、間仕切り壁の上部に取り付ける木材に留め付けて気流止めの役割を果たさなければならない

部結露を発見した。受け材のない所で張り合わせていた防湿シートと気密テープが剥がれ、水蒸気が浸入していた。

防湿フィルム付き断熱材を使っている現場で、**事例1**のように防湿フィルムが剥がれたり隙間ができたりしている例はよく見かける。**不良施工事例1**では、柱と横架材など部材の取り合い部に隙間が生じていた。

住まい環境プランニングは防湿フィルム付き断熱材を使わずに防湿シートと断熱材を別々に施工するほか、外壁の内側に部材が接続する取り合い部では防湿シートを「先張り」することを奨励している（**防止策1**）。取り合い部は防湿シートを切り欠くことが多いので手間が掛かり、隙間を完全になくすことが難しいのに対し、先張りすれば切り欠きを減らせるからだ。

天井断熱にしたい場合は、**事例1**のように防湿層を野縁の下にするのではなく、桁上にするよう勧める（**防止策2**）。防湿シートの下に吊り木や

防止策1　部材の取り合い部は防湿シートを先張りする

● 先張りする箇所を示す断面図

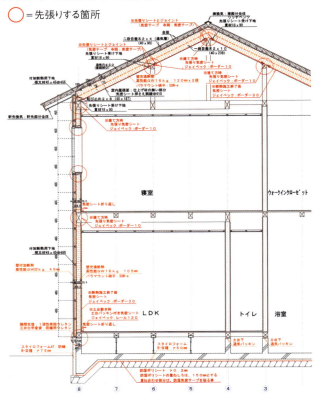

左上は、柱と桁の取り合い部に先張り防湿シートを施工している様子。右上は、柱と間仕切り壁の取り合い部の先張り防湿シート。下は、桁に張った先張り防湿シートに壁の防湿シートをつないだ状態。受け材のある箇所で30mm以上重ね、気密テープで押さえる。さらに室内側をボード類で仕上げて気密性を高める

防止策2　天井断熱の防湿・断熱層は桁上に設ける

● 桁上断熱と外壁の防湿層の納まり例

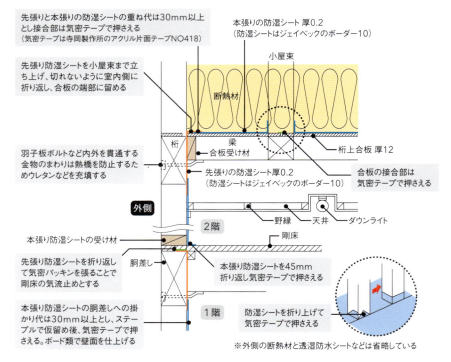

天井断熱の防湿・断熱層を桁上にすると桁が気流止めになるので、わざわざ気流止めを入れる必要がなくなる。桁下に吊り木や配線・配管、ダウンライトなどを配置することで、貫通部の気密施工を省略できる。小屋梁の上面に合板を施工して気密層とし、合板の上に防湿シートと断熱材を施工する。合板の上で作業できるので施工しやすい。小屋束回りの気密処理は必要なので、防湿シートを切り欠いて折り上げ、気密テープで隙間をなくす

防止策3　受け材のある所で防湿シートをつなぐ

防湿シートのつなぎ目に隙間が生じないよう、受け材のある所で30mm以上重ね、ステープルで留めて、気密テープで押さえる。さらに合板や石こうボードなどで仕上げて気密を強化する。合板や石こうボードを張らない場合は上の写真のように、防湿シートを押さえる桟を設置してシートの垂れを防止する。入り隅は右の写真や図面のように隅柱に受け材を施工したうえで、防湿シートを施工する

●防湿シートと受け材の納まり

- 断熱層への外気の侵入を防ぐために合板の接合部は気密テープで押さえる
- 金物には熱橋防止処理を施す
- 受け材
- 入り隅は柱の両側に受け材を入れて防湿シートを留め付ける
- 外側
- 合板
- 本張り防湿シートの上をボード類で仕上げる
- 繊維系断熱材は横繊維より縦繊維を使う方が隙間が生じにくくなる

※合板の外側の部材は省略している

防止策4　貫通部は専用の気密部材で隙間をなくす

コンセントボックスは防湿・気密処理された専用部材を使い、壁の防湿シートと気密テープで密着する。写真のコンセント専用部材は日本住環境のバリアーボックス。耳部分が広いので防湿・気密処理がしやすい。半透明の気密テープと防湿シートを使うと重ね代の隙間を見逃しにくくなる

防止策5　根太工法は気流止めを忘れずに

外壁と間仕切り壁の上下端部に気流止めを施工する。剛床にすれば合板で下端部の気流止めを兼ねられる。リフォームの場合は、布団や衣類を掃除機で圧縮して収納する要領で、断熱材を手作りする「圧縮断熱パック」を使うと施工が手軽。圧縮断熱パックを所定の位置に取り付けた後、ビニール袋に切り込みを入れると、断熱材が膨らみ隙間を埋めてくれる

ダウンライトなどを設置できるので、貫通する部分の気密処理を減らせる。外壁の上端部の気流止めは桁が兼ねる。

受け材と合板でシートを圧着

事例3のように、受け材のない部分で防湿シートと気密テープを張り合わせるのは良くない。**不良施工事例4**も同様だ。

防湿シートと気密テープは温度による寸法変化率が異なるうえに、気密テープは縮まろうとする。

そのため、経年劣化で剥離する恐れがある。そこで、防湿シートの継ぎ目は受け材のある部分で30mm以上重ね、気密テープやステープルなどで留め付けたうえ、合板や石こうボード、乾燥木材などで圧着するのが正しい施工だ。入り隅など、受け材がない場合は受け材を取り付ける（**防止策3**）。

コンセントや配管類が防湿シートを貫通する場合は、気密テープで丁寧に隙間をなくすことが不可欠だ。慣れない場合はコンセントボックス用、配管用といった専用の気密部材を使用すると施工が早く、気密を確保しやすい（**防止策4**）。

結露を招く断熱ミスと対処法

小屋裏・壁内
通気層があるのに結露

小屋裏の換気不良は結露を招く。
野地下と壁の通気経路や通気層の施工に問題がある場合も結露につながる。

事例1　[天井断熱の結露]
上は、天井断熱材のセルローズファイバーと野地板がぬれていた小屋裏。第三種換気のダクトが途中で外れ、セルローズファイバーが桁までかぶさり換気経路を塞いでいた。右上は、塗装して1年以内の軒天井材に発生した染みと剥がれ。居住者がトラブルに気づくきっかけとなった。小屋裏の妻側の1カ所に排気用ガラリを付けていたが、反対側には設けていなかった（写真：61ページまで住まい環境プランニング）

● 事例1で推定される不具合の原因

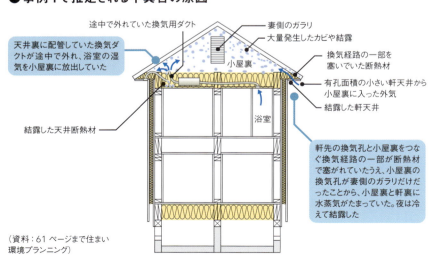

（資料：61ページまで住まい環境プランニング）

事例1は「販売した中古住宅が雨漏りしたので原因を調べてほしい」と住まい環境プランニングが住宅会社から頼まれた、1999年省エネ基準を満たしたツーバイフォーの住宅だ。小屋裏に入ると天井に吹き込んでいたセルローズファイバーと野地板がぬれて、カビが生えていた。

調査では施工の不具合が複数見つかった。まず、セルローズファイバーに覆われていた換気のダクトが途

事例2

[屋根断熱の不具合]
左は真冬に長さ約1mのつららができた高断熱・高気密住宅。真冬のつららは、太陽熱ではなく室内の熱が屋根の表面温度を上げて雪を溶かしていることを意味する。右は径の小さい有孔ボードが使われていた小屋裏につながる軒裏換気孔

●事例2で推定される不具合の原因

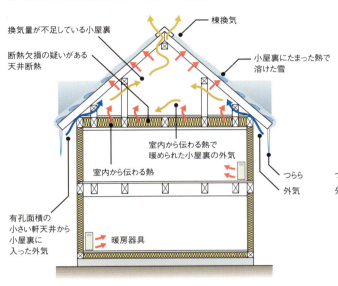

妻側の天井断熱部分は軒裏の有孔面積が小さいため、小屋裏で換気不足が生じていた。断熱欠損の疑いがある部分などから伝わる熱が小屋裏にこもって屋根を暖め、屋根に積もった雪を溶かし、夜に冷えてつららになった

屋根断熱部分は排気孔がないため通気不足が生じていた。断熱欠損の疑いがある部分などから伝わる熱が通気層内にこもって屋根を暖め、屋根に積もった雪を溶かし、夜に冷えてつららになった

中で外れていた。さらに、軒裏の吸気孔と小屋裏をつなぐ換気経路の一部が、塞がっていた。排気孔は妻側に1カ所あるだけだった。

これらの状況から、室内で発生した水蒸気が換気不足の小屋裏に浸入して高湿状態になり、夜間に冷えて結露が大量に発生したと判断した。そして住宅会社には、ダクトをつなぎ直すとともに、小屋裏の壁と野地板の取り合い部分にせき板を張って軒裏からの換気経路を確保するよう求め、棟換気などの排気孔を増やすよう助言した。

事例2では高断熱・高気密仕様の住宅なのに長さ約1mのつららが生じた。正しく施工された高断熱・高気密住宅で、真冬につららが発生することは寒冷地でもまれだ。

中央部の吹き抜けは屋根断熱、外周部は天井断熱を採用していた。天井断熱の小屋裏に入ると、棟換気が付いているのに室内に近い暖かさを感じた。

屋根断熱の吹き抜けは通気層の排気孔が付いていなかったうえ、壁と天井の取り合い部分などに断熱欠損の疑いが見つかった。こうした状況から、室内から伝わった熱が通気層と小屋裏にこもり、屋根の表面温度を上げていると推定した。

天井断熱の小屋裏で結露を防ぐ条件の1つは、小屋裏を外気に近い

事例3

[通気スペーサーの不具合]
左はダンボール製の通気スペーサーを垂木の間にはめ込んでいる現場。通気スペーサー同士の重なり部分や垂木との間に隙間が多数空いている。住まい環境プランニングではこうした隙間を気密テープで全て塞ぐ。右は断熱層に吹き込んだ断熱材が通気スペーサーの隙間から通気層に押し出され、通気層を狭めている様子

●事例3の不具合の原因

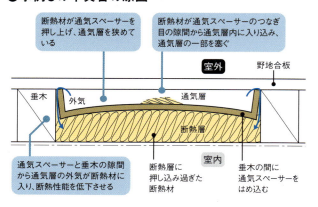

事例4

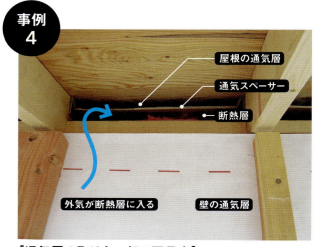

[通気層の取り合い部の不具合]
屋根と壁の通気層の取り合い部分に隙間が空いている。この状態だと、屋根の断熱層に壁の通気層内の外気が流れ込む。本来は壁の透湿防水シートと屋根の通気スペーサーの長さをそれぞれ伸ばし、2つをつなぐ必要がある

環境にすることだ。小屋裏換気で最低限必要な換気孔面積の基準は「木造住宅工事仕様書」（住宅金融支援機構編著）に示されている。

住まい環境プランニングは吸気孔と排気孔を軒裏と棟の端から端まで設置して、基準を超える面積を確保している。（**防止策1**）。**事例2**のように屋根断熱と天井断熱に区切られている場合は、区画ごとに吸気孔と排気孔を取り付ける。

屋根断熱が通気層を塞ぐ

「住宅の省エネルギー基準の解説」では、通気層の厚さについて屋根は30mm以上、壁は15mm以上としている。だが、これを確保できていない現場は少なくない。

事例3は、垂木の間に通気スペーサーと呼ばれる耳付きのダンボールを取り付け、ダンボールの室内側を断熱層、外側を通気層としている現場だ。左上の写真を見ると、ダンボールの重ね代や垂木と接する部分に隙間が多数生じている。

こうした隙間があると、断熱層に吹き込んだ断熱材の一部が通気層側に押し出されて通気経路を塞いだり、通気層の外気が断熱層に入って断熱性能を低下させたりする。隙間は気密テープで塞ぐ必要がある。

ダンボールやシートのような変形しやすい部材で断熱層と通気層を仕切

| 防止策1 | 通気部材を軒先と棟の端から端まで取り付ける |

上は軒裏全てに吸気孔として軒先換気部材を取り付けている現場。さらに下の写真のように、棟換気部材を棟全体に取り付ける

| 防止策2 | 屋根断熱は二重垂木と通気孔で通気を確保する |

1段目の垂木の上に断熱材を張って透湿防水シートを敷いた後、2段目の垂木を取り付けている様子。2段目の垂木で通気層を確保する。写真左側のけらば側軒先は、垂木の間に補強用の横材を入れているので、横材に直径30mmの通気孔を開けて、外気がとどまらないようにしている

● 軒先回りの詳細図

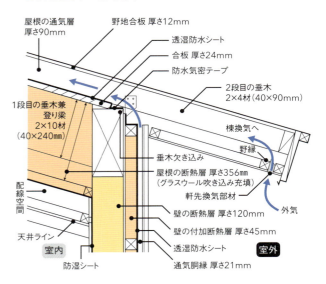

● 二重垂木の詳細図

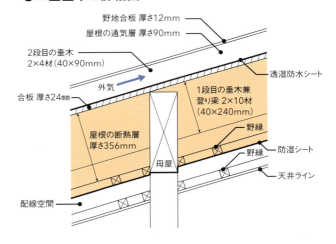

● 補強を施したけらば側軒先回りの詳細図

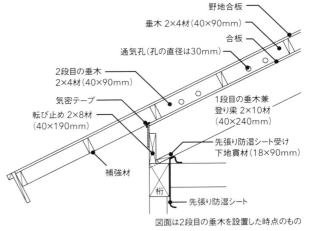

（資料：このページは住まい環境プランニング）

[外壁の通気層の不具合]

事例 5

左と下は外装材が所々変色している高断熱・高気密住宅。変色は窓の周辺以外の部分にも見られることから、雨漏りが原因ではなく、通気層に湿気がたまって結露を繰り返し、外装材が劣化した状態だと思われる。線状に変色している部分は、柱と断熱材に隙間が空き、断熱欠損が生じている恐れがある

変色している外装材

変色している外装材

●事例5で推定される不具合の原因

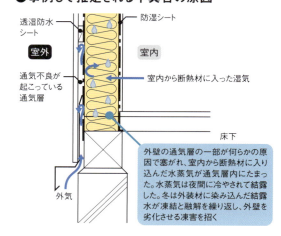

外壁の通気層の一部が何らかの原因で塞がれ、室内から断熱材に入り込んだ水蒸気が通気層内にたまった。水蒸気は夜間に冷やされて結露した。冬は外装材に染み込んだ結露水が凍結と融解を繰り返し、外壁を劣化させる凍害を招く

[外壁の通気層の不適切施工]

事例 6

透湿防水シートに現場発泡断熱材をじかに吹き付けた結果、シートが外側にはらんでいる現場。この方法は通気層を塞ぐ恐れがあるため、日本透湿防水シート協会が望ましくないと呼び掛けている。現場発泡断熱材を施工する際は合板のような硬い建材に吹き付ける

外側に膨らんでいる

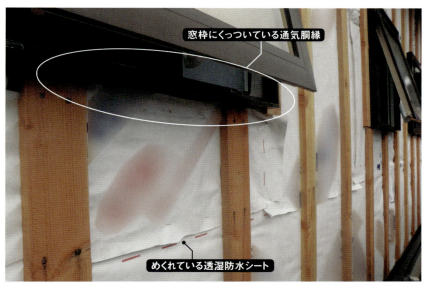

事例7 [外壁の通気層の不適切施工]
通気胴縁を窓枠にくっつけて設置した現場。空気の流れが窓枠で止まってしまう。透湿防水シートの重なり部分をステープルで留めただけなので、端部がめくれて通気を塞ぐ恐れもある。木造住宅工事仕様書の基準では窓枠との隙間を約30mm空けて通気胴縁を取り付ける

防止策3 幅広の透湿防水シートで重なり部分を減らす

 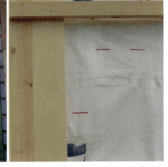

透湿防水シートの重ね代や端部はテープで留めて、めくれないようにする（右の写真）。テープ作業を減らすため、住まい環境プランニングは普及品の1m幅ではなく、3m幅をよく利用する。重ね代からの漏水のリスクも減らせる（左の写真）

防止策4 縦張りサイディングの通気胴縁は格子に組む

外装材を縦張りで使う場合は、格子状に通気胴縁を組む。通気胴縁を切り欠くより通気がスムーズに流れ、切り欠きの施工忘れを防げる

る場合は、断熱材を充填し過ぎない注意も必要だ。断熱材がダンボールやシートを外側に押し出し、通気層を遮断する恐れがある。

垂木の間を仕切る方法はこうした注意が伴うので、住まい環境プランニングでは垂木を2段にして合板で仕切り、1段目を断熱層、2段目を通気層とする「二重垂木工法」を勧める（**防止策2**）。

壁の通気層をシートが塞ぐ

事例5の2棟は、外壁の所々に変色や劣化が目立つ高断熱・高気密住宅だ。窓の周囲以外にも変色が見られることから、壁内結露だと推定した。何らかの原因で通気層が塞がり、壁内に浸入した水蒸気が外装材の内部にたまって結露を繰り返し、劣化させたと思われる。

事例6と7は外壁の通気層を塞ぐ恐れのある工事だ。6は透湿防水シートに現場発泡断熱材をじかに吹き付けたため、シートを外側に押し出している。7は通気胴縁を窓枠に接して設置したため、通気が窓枠で止まってしまう。住まい環境プランニングは普及品の1m幅の透湿防水シートではなく、3m幅を使って重ね代自体を減らしている（**防止策3**）。

外装材を縦張りで使う場合は通気が上に流れるように、横方向に取り付けた通気胴縁に455mmピッチで幅30mm以上の切り欠きをつくるのが一般的だ。この方法は切り欠きを忘れる恐れがあるため、格子状に通気胴縁を組むよう勧める（**防止策4**）。

結露を招く断熱ミスと対処法

小屋裏
通気閉塞が生む夏場の結露

野地下の通気層は建物の熱気や湿気が集まる場所だ。通気層を閉塞したら、どんな不具合が起こるのか。実験棟を用いた長期観察プロジェクトから学ぶ。

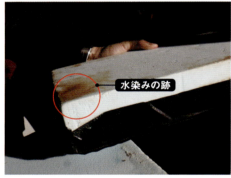

写真1　築1年8カ月でびしょぬれ
点検口をのぞき込むと、カバーの裏に茶色い染みがあった。屋根下地はぬれている。この通気層に設置した湿度計を見ると、相対湿度は81.8％を示していた（写真：65ページまで特記以外は池谷和浩）

　点検口をのぞき込むためにカバーを開けたところ、裏面に茶色い水染みが付着していた——。取材時点で築1年8カ月の住宅にもかかわらず、屋根下地の合板はびしょぬれの状態だった。これは全て結露によるものだ（写真1）。

　この建物は実験棟だ。軒の出のない木造住宅で、片流れの金属葺き屋根の側面をパラペットで囲って、スクエアな外観としていた。いわゆる「軒ゼロ」住宅だ。ボード系断熱材を用いた屋根断熱で、野地下に通気層がある。

　実験に当たり、通気層を大きく2つに区画した。一方の軒先には換気部材を設置。もう一方には換気部材を設置せずに、通気層を閉塞して比較した（写真2、3）。

　閉塞した側をのぞき込んだのが冒頭の写真だ。換気部材を取り付けた側の合板は、新品同様にきれいな状態だった（写真4）。

　この実験棟は国土交通省の住宅・建築物技術高度化事業の一環として建築されたものだ。住まいの屋根換気壁通気研究会が観察などの実施主体となった。

夏場の結露を再現

　湿気を含んだ空気は熱と共に移動する。通気層へ到達した湿った空気

写真2 通気層を2つに区画に

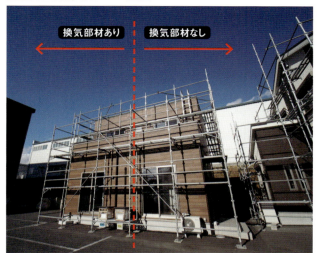

通気層を大きく2つに区画。一方には換気部材がない

写真4「換気部材あり」は乾いた状態

下地板は完全に乾いており、ほぼ新品同様だった。奥から延びているのは湿度計のセンサーと機器を結ぶコード。相対湿度は32.0％だった

写真3 棟部のパラペットに換気部材

建物正面から背面に向かって下る片流れ屋根。換気部材は棟部分に当たる建物正面側のパラペットの内側にあった

は屋内の温度と同等に暖められている。この空気が外気温とほぼ変わらない温度である屋根下地の裏側に達して結露を起こした。冬場にアルミサッシの枠が屋内側で結露するのと同じ原理だ。

ただ、少し違う点がある。この実験棟ではこうした結露が夏場に発生したということだ。

右のグラフは通気層の相対湿度の推移を示している（**図1**）。緑の線は

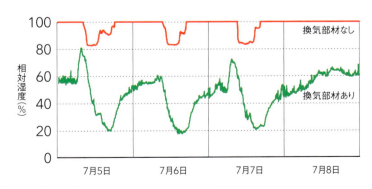

図1 夜間は相対湿度がほぼ100％

換気部材を取り付けた通気層（緑色の線）は気温変化に沿って相対湿度が上下しているが、閉塞した通気層（赤色の線）では気温が下がる夜間にほぼ100％に張り付いている（資料：65ページも住まいの屋根換気壁通気研究会）

写真5
結露で合板が徐々に変色
完成後2カ月の時点で結露が確認され（左上の写真）、その後、徐々に結露水が合板に浸透して茶色い染みが出た
（写真：住まいの屋根換気壁通気研究会）

換気部材がある区画の湿度で、気温変化に応じて上下している様子が分かる。一方、閉塞された区画を示す赤の線は、日中の気温上昇に伴ってわずかに相対湿度が低下するものの、日付が変わる時間帯には100％に達している。これが7月上旬の記録という点は注目に値する。

空気中に含まれる最大の水蒸気量は気温によって変化するので、気温が高ければその分だけ多くの水分を含むことが可能だ。湿気を含んだ空気と下地板との間に一定以上の温度差があれば、夏でも結露は起こる。

この実験棟の閉塞した側での観察結果を見ていこう（**写真5**）。

実験棟は、2016年4月に完成した。最初に点検口をのぞき込んだのは2カ月後の6月だ。実験担当者によると、完成後2カ月の時点でも既に結露水がたまっていた。そして、結露水は時間をかけて合板に吸収され、合板の表面に茶色い染みをつくった。

研究会によると、この茶色い染みは木材の成分が表出したもので、腐朽菌などではなかった。それでも、この状態を放置しておいて、建物の耐久性を長期間保てるとはとても思えない。鉄製のくぎを打ち込んでおいたところ、1年足らずでボロボロにさびた。湿気や熱気などが腐食を促進した可能性が高い（**写真6**）。

軒ゼロ住宅は雨水が壁に当たりやすい。その分、通常のデザインよりも壁内への雨水の浸入リスクが高い。だが、今回の実験に関しては、周辺の降雨状況から雨水浸入の可能性は低いと研究会では考えている。それでは一体、完成からわずか2カ月で確認された結露はどこから来たのだろうか。

研究会はこの水分について、建築中の降雨が影響したのではないかとみている。完成時点で、「既に建物全体のあらゆる場所に水分が隠れていて、ゆっくりと蒸発している」という見立てだ。このような結露を防ぐためには、建築中も含めて、建物の乾燥状態を保つような工夫が欠かせない。

棟換気は効率が2倍以上に

研究会ではもう1棟の実験棟を建設していた。小屋裏の換気部材について効率の差を確認するための建物で、注目すべき成果があった。

写真6 鉄くぎがさびた
閉塞した側の通気層に打ち込んだくぎ。完成から約1年後に撮影
（写真：住まいの屋根換気壁通気研究会）

写真7 換気条件を区画で変える

比較対象としたのは区画Cと区画D。区画Cに棟換気を設けた

図2 換気回数は約3倍に

	区画C	区画D
換気量（m3/h）	26.7	13.0
換気回数（回/h）	1.7	0.6

1時間当たりの換気回数に換算すると、区画CはDの約3倍に達する

　天井断熱の小屋裏をAからDの4つに区画して条件を変えた。換気効率を実測して比較したのは区画CとDだ（**写真7**）。区画Cは軒天材に有孔板を使ったうえで棟換気を取り付けた。区画Dは一般的に使われる軒裏換気口のみを配した。

　その結果、有孔板と棟換気の組み合わせは、軒裏換気口のみの場合と比較して、換気量で2倍、換気回数で2.8倍の差があった。二酸化炭素濃度減衰法という実験を通してはじき出した。小屋裏空間に二酸化炭素を充満させた後、流入する外気によって二酸化炭素濃度が低減する過程を観察した結果に基づいて、計算した数値だ（**図2〜4**）。

　研究会はこの結果を基に、日本建築学会へ論文を発表。有孔板と棟換気の仕様では小屋裏空間に結露が生じるリスクが明らかに低いとみなし、「換気部材が湿度環境と耐久性に少なくない影響を与えていることが示唆された」と結論付けた。

図3 区画Cは15分で濃度が減衰

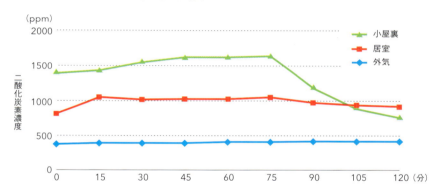

区画Cで二酸化炭素濃度減衰法によって換気状態を確認した結果。グラフでは75分時点で二酸化炭素の充填を中止していた。充填中止後、わずか15分で濃度が大きく低下した

図4 区画Dは減衰速度が遅い

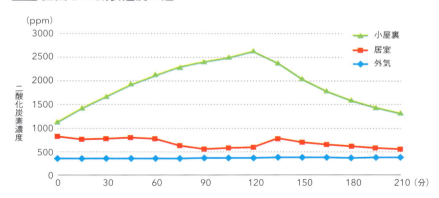

区画Dで二酸化炭素濃度減衰法によって換気状態を確認した結果。グラフでは120分時点で二酸化炭素の充填を中止した。換気効率が低いので二酸化炭素濃度自体が高くなり、充填中止後の減衰にも時間がかかった

結露を招く断熱ミスと対処法

小屋裏・壁内
施工中の雨が時限爆弾に

結露が発生する住宅には、どこかに水分が潜んでいる。
新築の住宅でLEDダウンライトが突然故障して点灯しなくなった事例も背景に結露があった。

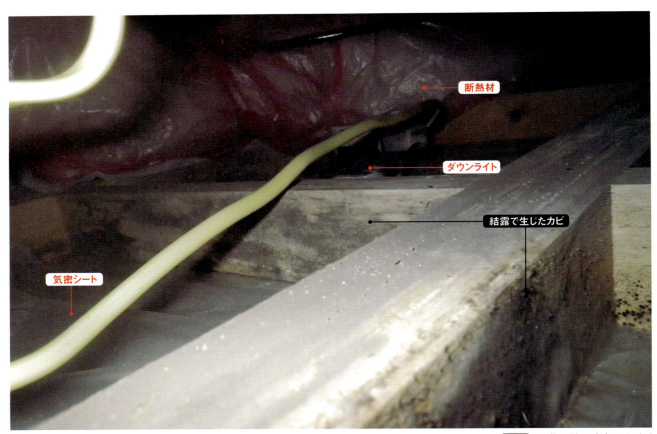

写真1 天井下地の木部にカビが生じていた。小屋裏空間は多湿状態だったのか、あらゆる所が黒くなっていた。虫も湧いていたという（写真：68ページまでカノム）

　新築の鉄骨造住宅で不可思議な現象が発生した。引き渡しから間もない時期にもかかわらず、室内のLEDダウンライトが突然故障。点灯しなくなった。

　建て主はすぐに住宅会社に連絡をして、担当者に確認を求めた。連絡を受けた担当者は機器の初期不良を疑い、その旨を建て主に報告した。だが、またすぐに別のLEDダウンライトが故障。現象は収まらず、4つの機器が立て続けに使用不能となってしまった。

　担当者は小屋裏をのぞき込んで確認するものの、「問題ない」と返答するばかり。住宅会社の対応にしびれを切らした建て主は、民間検査会社のカノム（名古屋市）に原因調査を依頼した。

　現場の確認に向かった長井良至代表が目にしたのは、カビだらけになった小屋裏だった（**写真1**）。天井の下地材の木部は、どこもかしこもカビで黒くなった状態だ。小屋裏の空間はじめじめしていて、湿度が高い環境だと感じられた。

　改めてLEDダウンライトを確認すると、レンズ部分にわずかに結露が生じていると分かった（**写真2**）。機器を外してみると、小屋裏側に露出して

いた部分にはさびが発生し、白く汚れた状態だった（**写真3**）。

LEDダウンライトの故障は、小屋裏が多湿状態になっていたことが主な原因だと判断した長井代表。小屋裏内での結露で生じた水が機器に付着し、機器内部の基板などに悪影響を与えたというわけだ。

降雨後すぐに防水処理

一体この結露水はどこから来たのか。長井代表が住宅会社にヒアリングすると、小屋裏内が高湿になり結露が発生した原因が浮かび上がった。それは、屋根の施工時に降っていた雨だ。

トラブルが発生した住宅は3階建ての建物で、陸屋根を持つ。屋根部にはALC（軽量気泡コンクリート）パネルを採用していた。LEDダウンライトが故障した居室は3階にあり、陸屋根の直下に当たる。

ALCパネルを施工している期間には、運悪く雨が降った。ALCパネルは水を吸収しやすい建材だ。雨などの場合はしっかりと養生して雨水を防ぐ手立てが必要となる。

だが、この現場では十分な養生ができていなかったようだ。ALCパネルにまだ防水処理を施していなかったことも追い打ちをかけた。雨にぬれたALCパネルは水を吸収し、建材内に雨水をため込んでしまった。

この状況に人為ミスが重なった。ALCパネルが雨でぬれた場合、通常であれば十分に乾かしてから次の工程に進む。ところが、施工を担った住宅会社は工期が迫っていたのか、十分に乾燥させずに表面に防水処理を施してしまった。

そして、あまり時間を空けずに室内側の天井を施工した。天井は下地材に気密シートを張り、石こうボードで仕上げた。

小屋裏空間に換気口を設置していなかったことも状況を悪化させた一因だ。水蒸気の逃げ場のない閉ざされた空間に、水分を含んだALCパネルが存在する状況が生じたのだ。

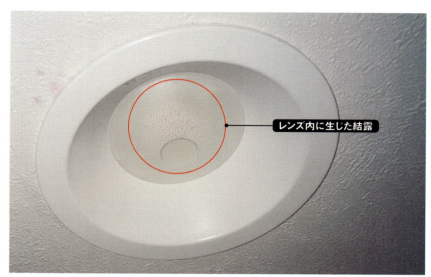
写真2 冷えた照明器具に結露
冷房で下がった室温の影響でLEDダウンライトの温度が低下。レンズの内側に結露が生じた

写真3 電気系設備では水は故障の原因に
電気系設備は、壁や天井に隠れるように施工することが多く、金属部分が露出しているケースも少なくない。結露が生じれば故障につながるリスクがある

木材が吸水した雨水を放出

施工中の降雨が原因となって結露を引き起こす現象は、「木造住宅でも生じる」と長井代表は指摘する。

新築直後、床に黒い染みが生じた住宅がその一例だ。長井代表がユニットバスの点検口から天井裏を確認したところ、壁に透明の気密シートが施工してあり、その内側に汗をかいたような結露を発見したのだ（**写真4**）。住宅会社に確認したところ、建て方中の雨が原因ではないかという話が浮かび上がった。

雨天時の養生が不十分で床の下地材や柱、壁の合板などがぬれて雨水を吸収した可能性があったのだ。この現場では、こうした部材を十分に乾かさずに断熱材と防湿シートを施工したとみられる。

時間がたつと、柱や合板などの木部に染み込んだ雨水は壁体内に放出される。しかし、壁は気密シートで密閉された状態だ。水分を含んだ空気は逃げ場を失い、結露に至ったというわけだ。

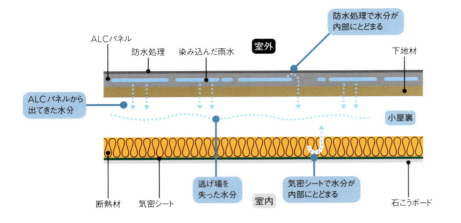

図1 防水と気密で閉じられた空間に
施工時にALCパネルが雨水を吸収した事例のイメージ。十分に乾燥させないまま上部の防水処理や天井側の気密処理を施したために、水分を含んだ空気が逃げ場を失ってしまった（資料：次ページも取材を基に作成）

ALCパネルから放出された水分は、室外に逃げようとしても防水処理された層が妨げとなって外部に放出できない。他方、室内側の天井材から外部に抜けようとしても気密シートがそれを防いで通過できない。結局、小屋裏空間に水分を含んだ空気が滞留した（**図1**）。

小屋裏の水分を含んだ空気が結露水として現れるきっかけをつくったのは、夏季に居室で運転したエアコンだった。室温が下がると同時にLEDダウンライトも冷やされて、小屋裏側に露出した本体の金属部分で結露が生じた。

この現場では、結露水がLEDダウンライトの機器に影響を与えて故障したので結露が明るみに出た。意外な所から結露水が現れ、クレームに発展したケースは他にもある。

前出の住宅とは別の住宅で、雨水を含んだALCパネルが結露を招いた事例だ。ALCパネルから小屋裏に放出された水分が天井側の気密シート上で結露。若干の勾配があったために、たまった結露水が流れ落ちて、居室の壁のコンセント部分から流れ出た。建て主と住宅会社は当初、雨漏りを疑った。

吸水しやすい建材を使う場合は、雨天時の養生に特に注意し、結露の要因とならないようにしたい。

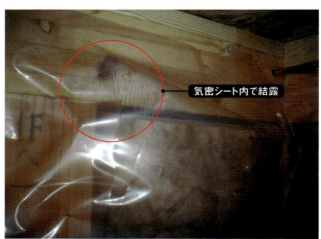

写真4 ぬれた合板が水分を放出
壁を剥がしてみると、張ってあった気密シートの上部に結露で生じた水滴が付着していた

結露を招く断熱ミスと対処法

小屋裏
黒幕は不慣れな省エネ施工

小屋裏収納の壁に見つかった黒い水。屋根内部で生じた結露が原因だ。
では一体水はどこから入ってきたのだろうか。

写真1 小屋裏収納で、壁から黒い水が流れてきた。原因は屋根内部で生じた結露だ。小屋裏に滞留した水分を含んだ空気が合板の隙間から壁体内に侵入して内部で結露。その水が毎年少しずつ流れて黒い染みとなった（写真：カノム）

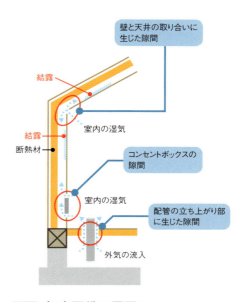

図1　気密不備が原因に
気密施工の不備が室内外の空気を引き込み、結露の原因となる

「小屋裏収納の壁に、黒い水が垂れている」。建て主からの依頼で調査に訪れた長井代表は、すぐに壁体内での結露を疑った（**写真1**）。

この住宅は築約5年の木造住宅で、屋根断熱を採用していた。小屋裏に換気口がなく、室内の水分を含んだ空気が温められて上昇し、小屋裏に滞留しやすい構造だった。

合板を剥がして確認すると、気密シートが施工されていなかったうえに、充填した断熱材の所々に隙間が生じていた。このため、小屋裏にたまった水分を含んだ空気が仕上げ材と断熱材の隙間を通り抜けて野地板に到達。気温が低下した夜に結露水となって流れ落ちたと考えられる。

通常このような結露の現象は冬に多い。だが、「最近は夏にも調査依頼が増えてきた」と長井代表。その要因は、建物の省エネ化が急速に進み、省エネ住宅の設計や施工に不慣れな施工事業者が増えている点にあると長井代表は指摘する（**図1**）。

例えば、気密施工のミス。室内の水分を含んだ空気が気密施工を怠った取り合い部やコンセントボックスなどの隙間から壁体内に流れ込んで、壁体内で結露する。

換気設備などを使って室内の水分を含んだ空気を排出するという意識が低いことも要因の1つだ。ビニールクロスなど昨今の建材は、透湿抵抗が高く、水分を含んだ空気が室内にたまりやすい。寝室やリビングなどは特に気をつけたい。

排水管など床を貫通する部位の気密施工も要注意だ。不備があると床下の空気が室内に流れ込み、計画換気を妨げる。その結果、水分を含んだ空気が滞留し、結露を招く。

結露を招く断熱ミスと対処法

小屋裏
築半年で屋根断熱に大量結露

垂木と断熱材の間の気密が不十分であったために、野地板で大量の結露が発生した。隙間から水蒸気が入り込んでしまったのだ。

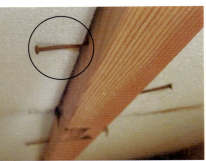
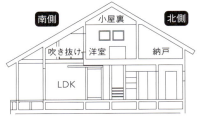
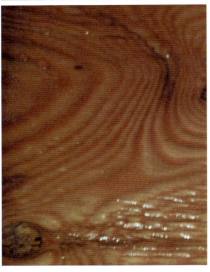

上は洋室の上の小屋裏。北側（写真の左側）は断熱材を外した状態だが、2月中旬時点でも右下の写真のように、野地板に水滴が見られた。野地板の含水率は70％を超えていた。南側の野地板は北側ほどぬれていなかったので、断熱材を張ったままにしている。それでも断熱材を留めているクギにさびが出ていた（右上の写真）
（写真・資料：次ページも日経ホームビルダー）

納戸は勾配天井で合板仕上げだが、母屋などから水滴が垂れて、納戸に置いた家具や衣類にもカビが生えた。しばらく合板と断熱材を外していたが、寒くなってきたので断熱材だけ張った。納戸は寝室として使うこともある

　東北地方の豪雪地に暮らすAさんが2階にある洋室の床に水跡を見つけたのは、完成から半年たった10月の寒い日だ。A邸は木造軸組み工法の2階建てで、押し出し法ポリスチレンフォーム板（XPS）で壁と屋根を充填断熱している。

　設計・施工した住宅会社が洋室の小屋裏に張った断熱材を剥がすと、北側の屋根の野地板がびっしょりぬれていて、水滴が天井を通過して床に落ちていると分かった。「外は晴れていたが、雨漏りかと思うほど驚いた」とA氏は話す。

　北側の納戸の勾配屋根と南側のLDKの吹き抜けの梁にも染みが見つかった。住宅会社はとりあえず結露を減らそうと、小屋裏に換気扇を新設したり、断熱材を剥がして扇風機の風を当てたりした。野地板は一時的に乾いたものの、寒くなって再び結露が始まった。

　屋根の結露問題に詳しい屋根システム総合研究所（東京都豊島区）の江原正也氏が現地を調査した。

防湿・気密層がない

　洋室の小屋裏に入った江原氏がまず注目したのは、XPSがむき出しになっていたことだ。「防湿・気密処理が施されていないので、室内で発生した水蒸気が断熱材と垂木の隙間から野地

板に入り込んでしまう」と江原氏は言う。

その場で計った小屋裏の温湿度は15℃、52%、野地板の表面温度は12℃だった。温湿度から空気線図で求めた露点は約4℃なので、2月中旬の調査時点では結露していない。だが、外が氷点下になる朝晩は結露の可能性が高い。立ち会った住宅会社のB氏は、「同じ断熱仕様でつくった他の家では、こんなに結露していないのに……」と首をかしげた。

B氏によるとA邸の天井仕上げには特徴がある。他の家は大抵ビニールクロスだがA邸はムクの本実にしていた。江原氏は「本実は隙間が多い。天井にビニールクロスや合板を張っていたら気密効果が得られて、結露を多少は減らせたかもしれない」と話す。

1999年省エネルギー基準の設計・施工指針を説明する「住宅の省エネルギー基準の解説」では、XPSといったプラスチック系断熱材は透湿抵抗が高く、防湿層の施工を省略できるものの、断熱材の目地や木部との取り合いはテープ処理などを行う必要があると記す。押出発泡ポリスチレン工業会も同様の施工方法を推奨する。

江原氏がもう1つ着目したのは、妻側にしか軒裏換気口がないことだ。「妻側の換気口では換気量が限られ、結露対策として期待できない。棟換気などで換気量を増やす必要がある」(江原氏)

B氏は「防湿・気密処理をするしないは予算に応じて判断していた」という。A氏は「他をやりくりしてでも施工してほしかった」と話す。

吹き抜けに面する南側のLDKの梁にも水跡がある。LDKの野地板の含水率は27.5%と多少高めだった。点検口を設けて断熱材付近の温湿度と野地板の温度を測定した

断熱材と野地板の間に設けた通気層の換気口は、妻側の軒裏の上下に設けていた。これでは換気量不足なので、屋根の平側と棟に換気口を設けるよう江原氏は勧める

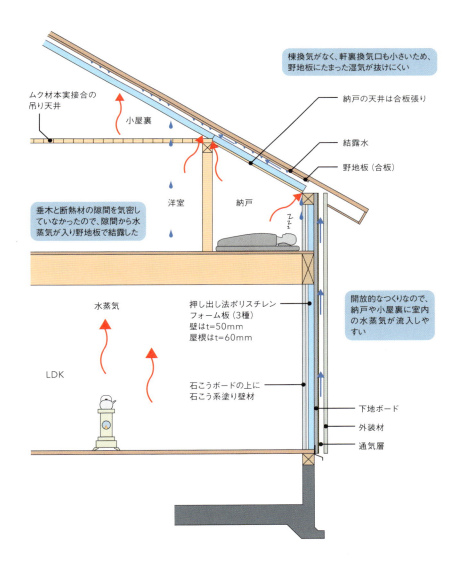

071

結露を招く断熱ミスと対処法

小屋裏
太陽光の後付けで結露

屋根に後から太陽光発電パネルを設けた小屋裏で、野地合板に結露が発生した。
トラブル事例を基に太陽光発電パネルの影響を解説する。

写真1　南面の半分にPVを設置
左の写真は、南方向から見たA邸の外観。吹き抜けの両側に大小の小屋裏がある。右は屋根からの見下ろし。設置面積は南面の半分を占める。屋根は勾配が5寸と急なので、北面は日陰になりやすい
（写真：次ページも特記以外は日経ホームビルダー）

写真2　北面の野地合板に染みが広がる
築後16年目を迎えた年、小屋裏の野地合板や垂木に染みの跡とカビが発見された。写真は大きい小屋裏の北面。染みとカビは広範囲に発生していた。7月19日の日中、放射温度計で測った野地合板の表面温度は49.5～51.0℃と、小屋裏の露点温度を上回っていたので、この時点では結露はしていない

（写真：特記以外は日経ホームビルダー、下はカオル建設）

　広島県安芸高田市に建つ築16年のA邸で、小屋裏の野地合板や垂木に染みが見つかった。屋根の南半分には7年前に太陽光発電パネル（以下、PV）が取り付けてあった（**写真1、2、図1**）。専門家の分析で、PVを取り付けるとPVのない面が吸湿する水蒸気が多くなり、結露を促進させる可能性があると分かった。

　分析したのは、屋根の温熱環境の問題に詳しい東洋大学の土屋喬雄名誉教授と神清（愛知県半田市）の神谷昭範常務取締役だ。

　日経ホームビルダーは夏本番を迎えた2016年7月19日、神谷常務の原因調査に同行した。A邸は吹き抜けのLDKが家の中央にあり、その両側に大小の小屋裏を設けている。

写真3 西妻面にも黒い染みが
西側にある小屋裏の妻面にも、黒い染みが見られる。天井には断熱材のセルロースファイバーが、厚さ150mmで敷き詰められている

写真4 PV下は不具合なし
PV下の野地合板は染みやカビなどが見られず、健全な状態だ。PVを留めているクギにも、さびなどは見られなかった（写真：神清）

図1 A邸の断面詳細図

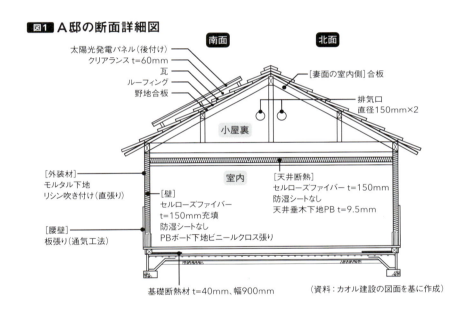

（資料：カオル建設の図面を基に作成）

写真5 風量計で測れない
西妻面に設置されていた換気口に、温湿度計に内蔵されている風量計を近づけた様子。羽根が回転していない。小屋裏点検口と室内の窓を開けて再度近づけると、羽は回転した。小屋裏点検口と室内の窓を閉めた状態では、換気が難しい状態だと思われる

染みが発生したのは大きい小屋裏の北面と西妻面だけで、PVを設置している南面や小さい小屋裏には生じていない（**写真3、4**）。

新築工事を手掛けたカオル建設（広島市）の衣川知孝社長は、引き渡してからPVを設置していない数年間は、小屋裏に染みなどの異常がないことを確認している。そのため衣川社長は、「屋根にPVを設置したことが、結露を招いたのではないか」と疑問を投げ掛ける。

小屋裏に入ると、サウナ室のように蒸し暑い。温湿度計で計測すると、絶対湿度が27.12g/kgと表示された。屋外は15.88g/kgだったので、小屋裏内のほうが11.24g/kgも水蒸気を多く含んでいた。

天井にはセルロースファイバー（CF）が断熱材として吹き付けられ、調湿機能を発揮させるため、防湿シートを施工していなかった。CFを触ると湿り気が感じられた。

西側と東側の妻面には、直径150mmの換気口が2個ずつ並んで設けられている。風量計を近付けたが羽根が回らない。空気が動いていない状態だ。

神谷常務は次のように指摘した。「妻換気で東西に湿気を抜こうとしていたが、中央に吹き抜けを設けて小屋裏を分断したため、空気が動きにくくなっている可能性がある。小屋裏

図2 PV半分ありの小屋裏各面の年間含水率（シミュレーション）

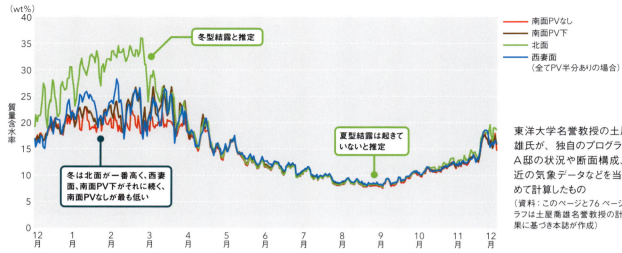

東洋大学名誉教授の土屋喬雄氏が、独自のプログラムにA邸の状況や断面構成、付近の気象データなどを当てはめて計算したもの
（資料：このページと76ページのグラフは土屋喬雄名誉教授の計算結果に基づき本誌が作成）

図3 PVの条件別に見た小屋裏北面の年間含水率（シミュレーション）

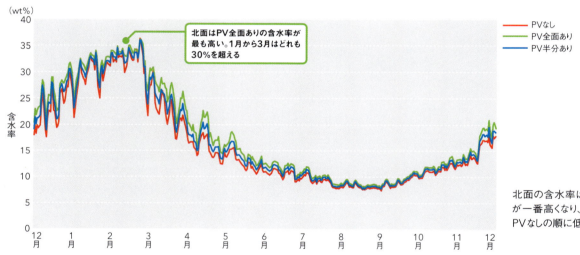

北面の含水率はPV全面ありが一番高くなり、PV半分あり、PVなしの順に低くなった

図4 PVの条件別に見た小屋裏各面の表面温度（シミュレーション）

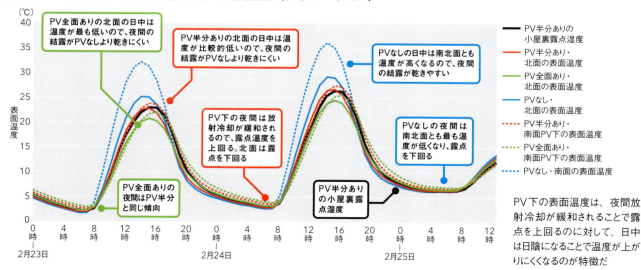

PV下の表面温度は、夜間放射冷却が緩和されることで露点を上回るのに対して、日中は日陰になることで温度が上がりにくくなるのが特徴だ

図5 PV半分ありの小屋裏の冬季の水蒸気の動き

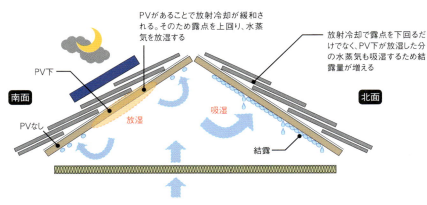

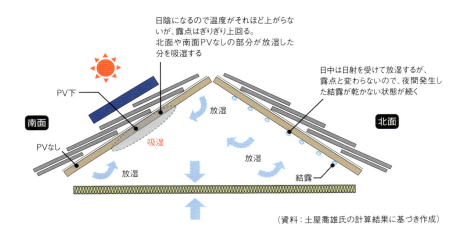

（資料：土屋喬雄氏の計算結果に基づき作成）

写真6 新たに設けた吸気口
小屋裏の換気量を増やすため、切り妻屋根の南北側の面戸に吸気口を計8カ所設けた。上の写真は吸気口を南側の外部から、下は小屋裏からそれぞれ見た様子
（写真：このページはカオル建設）

写真7 屋根の平部に設けた排気口
小屋裏換気の排気口は、棟に近い瓦の平部に設けた。使用したのは神清が下屋用に開発した「コンポ換気α」。瓦を外し、防水紙と野地合板に細長い開口部を開けて換気部材をネジ留めする。雨仕舞いを施し、瓦を元に戻して完成だ

　換気口の設置方法は、建築基準法にも住宅金融支援機構の木造住宅工事仕様書（工事仕様書）にも詳細が示されていないので、湿気が抜けにくい小屋裏は少なくない」

PVが冬型結露を促進

　土屋名誉教授は独自のプログラムにA邸の状況や断面構成、付近の気象データなどを当てはめ、結露に関係する様々な値の年間推移をシミュレーションした。特に注目したのは、小屋裏を構成する部材の含水率だ。
　小屋裏内の各面の含水率は、1月〜4月にかけて高くなった。なかでも高いのが北面で、木材の腐朽が進む30％を超える状態が続いている。西妻面とPV下も、PVを設置していない南面より高い値だ（図2）。
　土屋名誉教授は調湿性能の高いCFが夏でも湿気を帯びていると聞き、最初は夏型結露を疑った。
　しかし、夏の含水率はそれほど高くならなかったので、冬に室内で発生する水蒸気が冷えた小屋裏に入って結露する冬型結露だと判断した。「防湿シートがないのに小屋裏の湿気が十分排出できていないことが、結露の原因だろう」と土屋名誉教授は話す。
　土屋名誉教授には、PVの設置条件によって含水率がどう変わるかをシミュレーションしてもらった。北面の含水率を見ると、屋根の南全面にPVを設置した場合（PV全面あり）が一番高くなり、南半分に設置した場合（PV半分あり）、PVを載せない場合（PVなし）の順に低くなった。PVなしが一番低いとはいえ、30％を

図6 新たに設けた小屋裏の換気経路

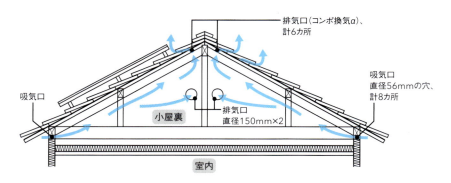

面戸から吸気し、平部の排気口から瓦下の通気層に湿気を逃がす経路。上記の仕様で土屋氏が計算した小屋裏の平均換気量は14.06m²/時、平均換気回数は0.28回/時となった
（資料：日経ホームビルダー）

図7 PV半分ありの小屋裏各面の表面温度（換気工事後のシミュレーション）

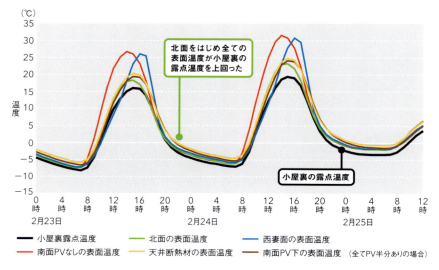

上記の期間の小屋裏は、夜間の最低温度が−6.65℃、この時の相対湿度が95.09％、日中の最高温度が25.02℃、同相対湿度が39.31％でシミュレーションした

大幅に超えている（**図3**）。

PVの影響を分析するため、含水率が最も高くなる2月23日〜25日の表面温度を示したのが**図4**、部材の吸放湿を示したのが**図5**だ。部材の吸放湿は表面温度の影響を受ける。

PV半分ありの夜間を見ると、PV下は放射冷却が緩和されるため露点を上回り、水蒸気を放湿する。北面は放射冷却で露点を下回るだけでなく、PV下が放湿した分の水蒸気も吸湿するため結露量が増える。

日中のPV下は日陰になるので温度がそれほど上がらない。それでも、露点はぎりぎり上回る。日中の北面は露点と変わらないので、夜間発生した結露が乾かない状態が続く。

一方、PV全面ありは、北面が吸湿する水蒸気がPV半分より多くなるので結露量が増える。PVなしは、夜間、放射冷却によって南北面とも露点を下回り結露するが、日中は温度が高くなるので結露した水が乾きやすくなる。

土屋名誉教授は「PVなしでも徐々に湿気がたまって、結露した可能性はある。PVが設置され、PVのない北面で吸湿する水蒸気が増し、結露を促進させたと思われる」と分析する。

工事仕様書の換気面積を確保

A邸の結露対策として土屋名誉教授が提案するのは、小屋裏換気量を増やすことだ。

神谷常務は、棟換気を設置するよりも簡単な改修方法として、屋根の平部用の換気部材を紹介。衣川社長はそれを排気口として計6カ所、切り妻屋根の面戸に吸気口を計8カ所設けた（**写真6、7、図6**）。

換気工事後の9月24日〜25日に小屋裏の絶対湿度を測ると、換気工事前の7月に測定した時に比べて日中で最大6.2g/kg下がっていた。換気効果は得られていた。

土屋名誉教授には、この仕様で得られる換気量で、冬型結露を防げるかどうかを計算してもらった。小屋裏の含水率が高くなった2月23日〜25日を見ると、全ての表面温度が露点温度を上回った（**図7**）。北面の含水率も、最大が20.2％に下がった。冬型結露の防止も見込めそうだ。

土屋名誉教授は「PVを設置する場合は最低でも工事仕様書が示す換気面積を確保し、水蒸気はきちんと抜けるよう吸気口と排気口を計画することが重要だ」と助言する。

第2章
換気の不具合と対処法

換気の不具合と対処法

ダクト内結露
ダクトに結露水が滞留

高断熱住宅の上位仕様として、ダクト式の熱交換型換気設備の採用が増えている。ダクトの断熱方法は屋根断熱と天井断熱で異なり、ミスが生じやすい。断熱施工不良は結露を招くので注意が必要だ。

熱交換型換気設備を設置した石川県内に立つ住宅では、換気ファンが動いているのに十分な換気が行われず、室内にカビが生えるトラブルが発生した（**写真1**）。

換気設備に詳しい福田温熱空調（石川県白山市）の福田重顕代表が調べると、居室の排気グリルと熱交換気ユニットをつなぐ還気ダクトにたるみを発見。ダクトに穴を開けると、大量の結露水が流れ落ちた。ダクト内に結露水がたまっていたので、換気風量が低下していた。

ダクト内部で結露が発生した原因は、断熱していないビルトインガレージの天井裏に、無断熱でダクトを設置していた点にあった。還気ダクトには室内から排出した高温多湿の空気が通る。断熱層の外側にダクトがあると冷やされて結露しやすくなる。

断熱層の外側に設置するダクトは、第3種換気設備でも断熱するのが原則だ。ところが、断熱ダクトを使用していた築12年の住宅でも、ダクト内に結露が発生した（**写真2**）。

調査を頼まれた福田代表は、天井の断熱層を貫通しているダクトの立ち上がり部分に高さ30cmの断熱欠損を発見。この部分が冷えて結露に至ったと突き止めた。

高さ30cmの断熱欠損が生じた理由として、福田代表は天井断熱のセルローズファイバーが経年で沈下した可能性を挙げる。沈下した分だけダクトが露出したというのだ。

福田代表は次のように指摘する。「最初に断熱ダクトを天井の貫通部の端部まで配管して、その後に天井断熱を施工するのが基本だ。そうしておけば、天井断熱材が沈下した場合でも結露を防げる」

写真1 無断熱のダクト内に結露水が滞留
バケツ半分に相当する結露水がたまっていた、熱交換型換気設備の還気ダクト。断熱層の屋外側に断熱材なしの状態で設置されていた（写真：下も福田温熱空調）

写真2 ダクトの断熱欠損部で結露
上は、天井の断熱層を貫通している排気ダクトの立ち上がり部に生じた高さ30cmの断熱欠損。この部分で結露した。右上は、納戸の天井に設けられた排気グリルから、結露水が滴り落ちる様子。右下は、排気グリルから落ちてきた結露水がたまったプラスチックボックス

断熱層の内側でも断熱処理を

工務店に施工指導を行う住まい環境プランニング（盛岡市）は、屋根断熱を施した住宅の内側に設けた熱交換型換気設備のダクトを断熱していない施工ミスを、しばしば発見する（**写真3**）。外壁を貫通する外気ダクトと排気ダクトを断熱しないと、室内の暖かく湿った空気が冷たいダクトの表面

写真3　無断熱ダクトが外壁を貫く
断熱層の内側に設置した熱交換型換気設備の外気ダクトが、無断熱の状態で外壁を貫通している様子。ダクトの表面に結露が発生する恐れがある（写真：住まい環境プランニング）

写真4　切断面はテープを巻き込む
FHアライアンスが求めるグラスウールの断熱ダクト切断時の、端部処理方法。グラスウールは水にぬれると断熱性が低下するので、切断面にダクトテープを巻き込む（写真：FHアライアンス）

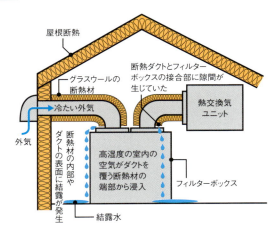

図1　接続箇所の隙間が招いた結露

屋根断熱の住宅で、熱交換型換気設備の外気断熱ダクトが結露した時の様子。断熱ダクトとフィルターボックスの接続箇所に隙間が生じた。グラスウールの切断面で防湿と気密処理を施していなかった（資料：取材を基に日経ホームビルダーが作成）

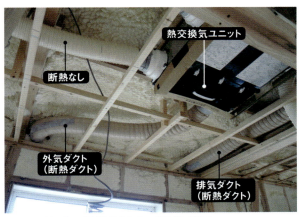

写真5　外壁の貫通部は全て断熱ダクト
熱交換気ユニットから外壁の貫通部までの外気ダクトと排気ダクトを断熱仕様にしている。ダクトが外壁を貫通する箇所は先行配管してから外壁のウレタンを吹き付け、先行配管と断熱ダクトを結束バンドと気密テープでつなぐ。今川建築（石川県小松市）による屋根断熱の現場で撮影（写真：日経ホームビルダー）

で冷やされて結露する。

　同社の古川繁宏代表は、「ダクトの断熱処理が必要なのは、断熱層の外側に設置する場合だけだと誤解している人は少なくない」と注意を促している。

　換気設備を用いた全館空調システムを開発するFHアライアンス（愛知県春日井市）の廣石和朗代表は、屋根断熱の住宅の断熱ダクトが結露した、という相談を複数回受けた。

　現地を調べると、ダクトとフィルターボックスの接続箇所に隙間が生じ、グラスウールを切った端部で防湿と気密処理が施されていなかった。そのため、接続箇所で結露が起こった（図1）。

　廣石代表は「グラスウールダクトを切ってつなぐ際は、躯体を断熱するときと同じように、端部の防湿と気密処理が必要だ」と強調する（写真4）。

　ダクトの断熱箇所は熱交換気ユニットをどこに設置するかで変わる。天井断熱の外側に設置する場合は排気系のダクト、屋根断熱の内側に設置する場合は外壁から熱交換気ユニットまでが対象となる。さらに、熱交換気ユニットとダクトの接合部や躯体の貫通部にも入念な断熱・気密処理が欠かせない（写真5）。

換気の不具合と対処法

汚れによる機能低下
掃除できず大量の汚れが付着

24時間換気設備の設置が義務付けられてから15年が経過した。天井裏など清掃が困難な場所に設置している場合は、大量の汚れが付着し、換気不足や結露の発生を招いている恐れがある。

脚立に乗って天井裏の熱交換型換気設備のパネルを開くと、フィルターと熱交換素子がほこりで真っ黒な状態で現れた（**写真1**）。熱交換素子を外してダクトの中をのぞき込むと、そこにも黒いほこりが付着していた。廊下の天井に設置された排気グリルもほこりだらけだ（**写真2**）。

これは、23年前に設置した換気設備を更新したいという相談をこの住宅の建て主から受けたアセットフォー（東京都練馬区）が、現状調査した時の状況だ。

建て主は居間に設けた給排気用グリルのフィルターのほこりを時々掃除機で吸い取っていたものの、天井裏の換気装置は一度も清掃していなかった。

ファンは動いているが換気量は少なかった。換気回数（1時間に室内へ供給または排出される空気量を居室容積で除したもの）は0.28回だ。給気量と排気量のバランスが大幅に崩れていることも分かった。

同社の荒井貴好代表は「同じタイプの換気装置を採用した顧客に対して、掃除を呼び掛けるつもりだ」と話す。一方で、「熱交換型換気設備は清掃しにくいものが多い。専門の清掃会社に依頼できる仕組みが必要だ」と課題も指摘する。

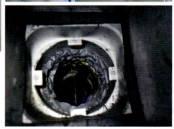

写真1　ダクト内に大量のほこり
右上は、脚立に乗って熱交換ユニットのパネルを開けている様子。左上は、フィルターを外した状態の熱交換素子。右下は、還気ダクトの汚れた内部
（写真：日経ホームビルダー、右下は日本住環境）

写真2　ほこりで目詰まり
左は、廊下の天井に設置された排気グリルのプレフィルターを外した状態。ダクト内にほこりが吸い込まれている。右は、外気ダクトの外側に付けたフードの内部。防虫網が目詰まりしている。屋内に取り込む外気風量を減らしている原因だ
（写真：日経ホームビルダー）

壁掛け設置で手入れを容易に

北海道室蘭市内に立つ、ダクト式第3種換気設備を天井裏に設置した住宅では、メンテナンス不足がダクト内の結露を招いた（**写真3**）。

トラブルの原因調査を頼まれた三浦眞オフィス（札幌市）の三浦眞代表によると、換気設備は内部にたまったほこりと屋外排気フードの目詰まりで風量が低下していた。ダクトには断熱処理が施されていたものの、天井裏が0℃以下になった時に内部結露が発生した。絶対湿度の高い空気がすぐに排出されず、ダクト内に長く滞留したためだ。

24時間換気設備では定期的な清掃や交換が欠かせない。換気の専門家の多くは「メンテナンスが困難な、天井裏に隠すように納める設置方法はよくない」と口をそろえる。

メンテナンスが容易なのは、座って

写真3 ダクト内で結露水が凍る
メンテナンス不良が原因で内部結露が発生した断熱ダクト。結露水が接続部の隙間などからグラスウールに浸入して、断熱性能を低下させた。そのため、ダクト内で結露水が氷結していた（写真：三浦眞オフィス）

写真4 床下に転用可能
三菱電機は、天井設置用の熱交換型換気設備を表裏反転させて床下設置を可能にした機種を、複数用意している（写真：三菱電機）

写真5 縦置きして壁掛け設置に
壁掛け設置を可能にしたパナソニックエコシステムズの「カセット形気調システム熱交気調」のパネルを開いた状態。内部に設置されている防虫フィルターには交換時に虫が逃げるのを防ぐ仕組みを取り入れた
（写真：パナソニックエコシステムズ）

写真6 4動作でファンを取り外せる
日本住環境のダクト式第3種換気設備「ルフロ400」は、年に1度必要なシロッコファンの清掃をしやすくするため、ファンを取り外す手順を従来の7動作から4動作に減らした（写真：日本住環境）

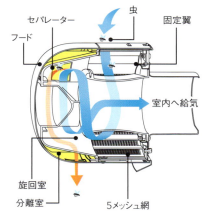

図1　写真7 虫が入りにくい屋外用フード
外気ダクトへの虫の侵入を防ぐ屋外用フード。左は、パナソニックエコシステムズの「サイクロンフード」、右は日本電興の「サイクロン式給気フード」。いずれも、外気が通過すると竜巻状の旋回流が発生し、その遠心力で虫やゴミが外側へ弾き飛ばされる。第1種換気または第2種換気専用になる（写真・資料：左はパナソニックエコシステムズ、右はオーブルデザイン）

作業できる床下や床上だ。立って作業できる壁掛けへの設置も維持管理しやすい。最近は天井設置用のコンパクトな機種の中に、床下用や壁掛け用に転用できる製品が登場している（**写真4、5**）。

やむを得ず天井に設置する場合でも、機器を隠さず露出させ、掃除が必要な部位を楽に取り外せるようにしたい（**写真6**）。

設備本体やダクト内にほこりが付着するのを防ぐプレフィルターを、掃除しやすくすることも重要だ。高知工科大学の田島昌樹准教授は、「フィルターの汚れ具合が室内から見える製品が良い」と薦める。

北海道立総合研究機構北方建築総合研究所の村田さやか主査は「居室の空気を吸い込む排気グリルが一番汚れやすい。そこをいつも清掃すれば、その先のダクトや熱交換気ユニットを汚れから守れる」と話す。

屋外にある給排気口は脚立を使わなければ届かない位置に設置される例が多い。そのため、防虫網を給排気口の外側に付けると掃除ができず、目詰まりを引き起こしやすい。

田島准教授は、「防虫網を付けず、室内側から清掃できるフィルターで虫を除去するのが望ましい」と助言する。虫が侵入しにくい機構を搭載した屋外用フードも製品化されている（**図1、写真7**）。

換気の不具合と対処法

負圧
高気密住宅で異音が発生

第3種換気設備とレンジフードを同時に使うと、室内に過大な負圧が生じることがある。最近の高気密住宅で起こっている新しい問題だ。

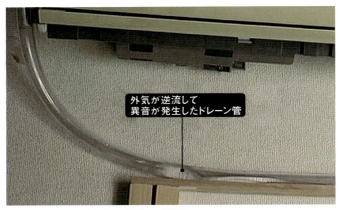

写真1　ドレーン管内に外気が逆流
第3種換気設備とレンジフードを同時に運転して、エアコンのドレーン管内を外気が逆流して異音が発生するかを調べている様子。7件調査したところ、ドレーン管が逆勾配か水平に設置されていた4件で異音が確認された

写真2　逆流防止弁で対策
ドレーン管内での外気の逆流を防ぐには、管の端部に逆流防止弁を設けるとよい（写真：左も倉渕 隆）

　第3種換気設備とレンジフードを高気密住宅で運転すると、屋外に比べて室内の気圧が著しく低い負圧の状態が発生する。

　第1種換気設備では室内に負圧は生じにくい。だが、第3種換気設備ではマイナス50Pa超、強運転のレンジフードを併用した場合はマイナス140Pa程度の負圧が生じることがある。この著しい負圧が原因でさまざまなトラブルが発生している。

　トラブルの1つは、エアコンのドレーン管からの異音だ（**写真1**）。鉄筋コンクリート造で相当隙間面積（C値）が0.5cm²/m²程度の集合住宅に多くみられる現象だが、木造住宅でも発生している。住宅会社のアセットフォーの荒井貴好代表は、C値が0.1～0.2cm²/m²の木造住宅で経験したという。

　異音はエアコンのドレーン管に外気が侵入し、管内にたまっている結露水にぶつかって発生したものだ。「内外差圧が20Pa程度になると発生し、驚くほど大きな音になる。結露水がたまらない勾配にすれば発生しにくい。ドレーン管の端部に外気の逆流防止弁を付ければ解決する」。再現実験を行った東京理科大学の倉渕隆教授はこう説明する（**写真2**）。

　エアコンとは別のルートで異音が発生することもある。閉まっている状態のサッシやレンジフードのシャッターの隙間を外気が通る際の笛吹き音だ。

　富士工業（相模原市）開発本部の越智貴志部長は「レンジフードのシャッターの隙間は電動式より風圧式の方が大きい。その分、笛吹き音の発生リスクも高くなる。隙間が一番小さい高気密電動式シャッターを使えば、リスクを減らせる」と言う。

　このほか、玄関ドアが重くなる、ファンの能力が小さいと風量が減少するといった不具合も発生している。

内外差圧を50Pa以下に

　第3種換気設備を採用した高気密住宅で室内が負圧になる原因は、給気口が少ない点にある。第3種換気設備では通常、排気風量で換気回

図1　気密測定結果から内外差圧を予測

（資料：インテックの資料を基に日経ホームビルダーが作成）

測定場所	C値 (cm²/m²)	通気量 (m³/時) 9.8Pa時（風速4m相当）	30Pa時（同7m相当）	50Pa時（同9m相当）	24時間換気の種類	サッシの種類	コメント
住宅A	0.06	12	33	44	第3種ダクト式	樹脂トリプル	24時間換気の運転時に自然給気口6カ所から90m³/時給気し、内外差圧は20Paになった。レンジフードを運転すると給気量が144m³/時となり、内外差圧は52Paになった
住宅B	0.22	43	93	141	第3種ダクト式	樹脂ペア	給気口2カ所について、フィルターを目の粗いタイプに変更して、内外差圧を50Pa以下に下げた
住宅C	0.42	503	890	1142	第3種ダクト式	アルミ樹脂複合ペア	差圧30Pa以上でサッシから空気が漏れる音が発生
住宅D	0.39	69	190	276	第1種壁付け	アルミ樹脂複合トリプル	24時間換気の給気・排気量はカタログ上は50m³/時だが、実際は給気が30m³/時、排気が45m³/時だった。レンジフードを運転すると20m/時ずつ給気が増加、排気が減少した

インテックの西村文宏代表が気密測定を実施した4住宅の結果をまとめた。気密測定で内外差圧を50Paにした時の通気量が200m³/時以下になると、西村代表は室内が過度に負圧になっていると判断。その場合は差圧測定を実施する（写真：インテックの資料を基に作成）

写真3
換気扇の運転中に差圧を測る
木造住宅で差圧測定した時の結果。レンジフードを強運転にすると52Paを記録した（写真：インテック）

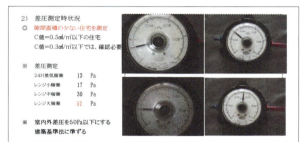

写真4
通気性能の高いフィルターを採用
アセットフォーが採用している通気性能を高めた給気用フィルター。左はポリエステル製、右はウレタン製。日本住環境が製造（写真：日本住環境）

写真5　給気電動シャッターを追加
福田温熱空調ではレンジフードを運転した場合に室内が過度に負圧にならないよう、同時給排型レンジフードと給気電動シャッターの併用を勧める（写真：福田温熱空調）

数を計算する。一方で、給気口に関する規定はない。そのため、外気が入ると寒くなると考えて、給気口を減らそうとする住宅会社は多い。だが、室内の負圧を抑えるには、給気口を適切に配置しなければならない。

給気口の面積として倉渕教授はこんな目安を示す。住宅のC値が5cm²/m²より小さい場合は、C値を5cm²/m²と仮定して住宅の延べ面積から隙間面積を算出し、その1割分以上を給気口で確保する。「型式適合認定を審査する際に内規として使われている方法だ」（倉渕教授）

内外差圧が50Pa以内になると、不具合は生じにくくなるといわれる。そのため気密測定を手掛けるインテック（山口県周南市）の西村文宏代表は、内外差圧を50Paにした時の通気量を測定し、室内が負圧になりやすいと疑われた場合には差圧を測定。その結果を基に、50Pa以内に抑える方法を住宅会社に助言する（**図1、写真3**）。

C値0.3cm²/m²での第3種換気設備の導入を標準仕様にするアセットフォーの荒井代表は、通気性能の高い給気用フィルターを使用している（**写真4**）。

室内が過度な負圧になるのはレンジフードを運転する場合なので、その間だけ給気シャッターが開く同時給排型レンジフードを採用する方法もある。ただ、同時給排型の給気量は排気量の約半分程度。そのため福田温熱空調の福田重顕代表は、同時給排型レンジフードと給気専用の給気電動シャッターとの併用を勧める（**写真5**）。

換気の不具合と対処法

エネルギーロス
熱交換なのに光熱費増

熱交換型換気設備の熱交換機能が十分に発揮されず、カタログに記載された熱交換率を大きく下回る場合がある。躯体の気密性能や断熱性能が低い住宅も、熱交換の効果を得にくい。

19%。これは、鳳建設（岐阜市）設計部の森亨介氏が、過去に同社で建てた顧客の住宅に設置されている熱交換型換気設備の使用状態から算出した熱交換率だ。

住宅にはダクトレスの熱交換型換気設備を採用している。70秒ごとに給気から排気に切り替えて熱交換するタイプだ（**写真1**）。カタログには「最大91%の熱交換率」と書かれているが、その性能を引き出せていない。

熱交換率とは室内の空気から熱を回収して給気した外気に熱を移す際の、熱の回収率を示す。森氏が実際の熱交換率を算出したのは、給気口で冷気を感じたからだ。給気側の熱交換素子の温度を測ると、外気温に近い9.9℃だった（**図1**）。

給気が冷たいと感じるほど熱交換率が下がっていたのは、建て主がレンジフードなどの局所換気を常時運転していたからだ。ダクトレスの熱交換型換気設備はファンの風量が比較的小さい。レンジフードなどを運転して室内が過度な負圧になると、換気能力を発揮しにくくなる。

森氏は、「不要なときは、局所換気を止めておくように伝えていたが、建て主は忘れていた。局所換気を自動で作動・停止できる機能をつけておけばよかった」と悔やむ。

写真1とは別の熱交換型換気設備を販売するエディフィス省エネテック（東京都三鷹市）の改正総一郎代表は、熱交換型換気設備の省エネルギー性能が下がる要因として躯体の気密性能の低さも挙げる（**写真2**）。熱交換率がいくら高くても、隙間から外気が入れば、換気量全体に対する熱交換率が低下するからだ。

熱交換型換気設備を設置した住宅では、不快感や消費電力が増す場合がある。

写真1 ダクトを使わず壁に埋め込む

熱交換率が下がった住宅で採用していた熱交換型換気設備。1台で給気と排気を兼ねる。左は室内側から見たところ。右はセラミック製の熱交換素子。ここに蓄熱する（写真：鳳建設）

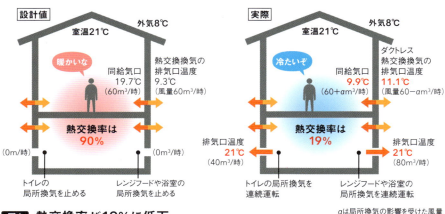

図1 熱交換率が19%に低下
左は所定の熱交換率で運転できている理想の状態。右は熱交換率が19%に低下した実際の状態
（資料：取材を基に日経ホームビルダーが作成）

写真2 隙間に漏気リスク
「熱交換にしたのに寒い」と居住者から相談があった住宅で、ダクトレス熱交換型換気設備を設置した外壁を赤外線カメラで撮影した様子。機器と壁の断熱材の間の温度が低い。隙間が生じて外気が侵入している恐れがある
（写真：エディフィス省エネテック）

図2 無駄な熱交換で室温が上がる

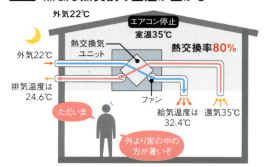

夏の晩に、エアコンを運転せず閉め切った状態の住宅で、熱交換型換気設備を運転していた時の様子
(資料：取材を基に日経ホームビルダーが作成)

図3 無配慮だとエネルギー使用量が増加

夏期・中間期の バイパス運転	ダクトの 圧力損失低減	ファンモーター の種類	エネルギー 消費量
あり	あり	DC	5%程度削減(6地域)
あり	あり	DC	増減なし(5地域)
あり	あり	AC	40%程度増加(6地域)
あり	なし	AC	110%程度増加(5、6地域)
なし	なし	AC	160%程度増加(5、6地域)

ダクト式の熱交換型換気設備の省エネルギー効果を高める方法を整理したもの
(資料：建築環境・省エネルギー機構の「温暖地版自立循環型への設計ガイドライン」に記載された内容を基に日経ホームビルダーが作成)

図4 躯体の断熱性能が低い方がエネルギー消費量が2割増加

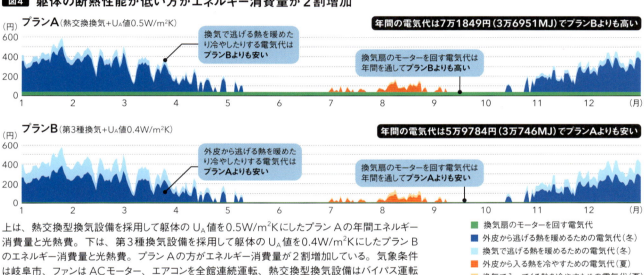

上は、熱交換型換気設備を採用して躯体のU_A値を0.5W/m²Kにしたプラン Aの年間エネルギー消費量と光熱費。下は、第3種換気設備を採用して躯体のU_A値を0.4W/m²Kにしたプラン Bのエネルギー消費量と光熱費。プラン Aの方がエネルギー消費量が2割増加している。気象条件は岐阜市、ファンはACモーター、エアコンを全館連続運転、熱交換型換気設備はバイパス運転なしの条件でシミュレーションした (資料：森 亨介)

換気設備に詳しい北欧住宅研究所(千葉県市川市)の川本清司代表が相談を受けた北海道の住宅では、夏の夜の室温が外気よりも13℃高くなっていた(図2)。外気温が室温よりも低い状態で熱交換したので、外気を暖めて室内に取り込んでしまったのだ。

こうした無駄を防ぐには、熱交換とは別の給気経路に切り替える「バイパス運転」や、換気設備の給気側の運転のみを停止して第3種換気設備として運転する「片側運転」の機能を備えた機種を選定する。

熱交換よりも躯体の断熱

熱交換型換気設備は第3種換気設備より消費電力が増す。省エネの工夫が不可欠だ。中間期にバイパス運転を行わない、圧力損失が大きいダクトを使うといった対応は、消費電力の増大を招く(図3)。

断熱性能の低い住宅に熱交換型換気設備を設置しても、期待したほどの効果は得られない。

森氏はこのことを証明するために、熱交換型換気設備を採用して躯体の外皮平均熱貫流率(U_A値)を0.5W/m²Kにしたプラン Aと、第3種換気設備を採用して躯体のU_A値を0.4W/m²Kに強化したプラン Bについて、冷暖房と換気設備にかかる年間消費電力をシミュレーションで比較した。結果はプラン Aのエネルギー消費量が2割多かった(図4)。

森氏は言う。「換気で逃げる熱を減らすよりも、躯体から逃げる熱を減らす方が圧倒的に省エネ効果は高い。躯体の断熱性能を高めてから熱交換型換気設備を採用するべきだ」

換気の不具合と対処法

ダクトの施工不良
ダクトを曲げ過ぎて風量不足

換気風量や換気回数が設計値を下回っている住宅が続出している。
ダクトを無理に曲げる、つぶすといった施工不良やダクトの接続ミスなどが原因だ。

熱交換型換気設備につなぐフレキシブルダクトを床下に施工していた現場では、風量が設計より2割以上不足していた（**写真1**）。現場で採用されていたのはマーベックス（大阪府東大阪市）の換気設備。同社が原因を調べると、フレキシブルダクトを繰り返しUの字で曲げていると分かった。「曲げによって管内の圧力が大幅に低下するので、風量不足につながりやすい。やってはいけない施工だ」。同社の本田祐樹専務はこのように説明する。

フレキシブルダクトの曲げが管内の圧力の低下を招くことは、住宅リフォーム・紛争処理支援センターが発行する「住宅づくりのためのシックハウス対策ノート」にも記載されている。圧力低下を抑えるために、曲線部ではダクト内側が描く円の半径をダクト直径の2.5倍以上にする（**図1**）。

ダクト式の換気設備でよく見かけるもう1つの施工不良は、フレキシブルダクトをつぶしてしまうことだ（**写真2**）。ダクトを天井裏に配管する現場では、その経路が梁などとぶつかる場合がある。その際に、変形しやすいフレキシブルダクトを使っていると、職人がダクトを扁平させて無理やり梁の下の隙間に通してしまうケースが生じる。

圧力損失（圧力低下の量）は風量とダクトの断面積の関係で決まる。風量が一定の場合はダクトの断面積が小さいほど圧力損失が大きくなる。ダクトをつぶせば断面積が減るので、圧力損失が増す。

北海道立総合研究機構北方建築総合研究所の村田さやか主査は「アルミ製のフレキシブルダクトは無理に変形させると切れる場合もあるので、特に注意が必要だ」と話す。

住宅調査会社のカノム（名古屋市）が調べた新築住宅では、熱交換型換気設備のダクトで接続ミスがあった。

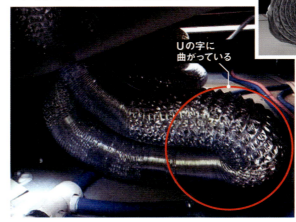

写真1 フレキシブルダクトを繰り返し曲げる

左の写真は、風量測定で設計風量に達していなかった施工現場。フレキシブルダクトを繰り返し曲げて床下に押し込んでいた。本来は蛇腹をピンと伸ばして、余った部分を切除しなければならない。蛇腹を折りたたんだ状態だと内径が小さくなり、圧力損失が増す（上の写真右）（写真：左はマーベックス、上は日経ホームビルダー）

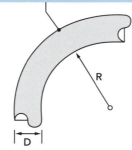

- 直径100mmダクトの場合 …… R≧250mm
- 直径50mmダクトの場合 …… R≧125mm

図1 ダクトの曲率には基準が
フレキシブルダクトの内側が描く円の半径は、ダクト直径の2.5倍以上とする
（資料：住宅リフォーム・紛争処理支援センター）

写真2 ダクトをつぶして強引に通す
配管経路が梁とぶつかったので、フレキシブルダクトを変形させて梁の下に強引に通した悪い施工例として、日本住環境が実演した
（写真：日本住環境）

写真3 給気と排気を誤って接続
室内の給気ダクトをトイレの予備排気接続口に誤ってつないだ例。給気ではなく排気になったので、給気グリルにティッシュペーパーを当てると吸い込まれた。住宅全体の熱交換効率の低下を招く施工ミスだ
（写真：カノム）

写真4 給気口が未施工
住まい環境プランニングが結露の原因調査を頼まれた新築住宅では、図面に記載されていた給気口のうち、4カ所が未施工だった。そのため、換気回数が1時間当たり0.4回になっていた
（写真：住まい環境プランニング）

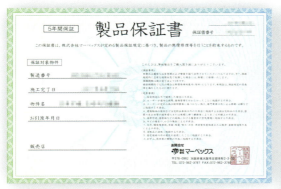

図2 写真検査に合格したら5年保証
マーベックスでは施工経験が豊富な一部の住宅会社に対し、機器の保証期間を5年に延長する取り組みを開始した。保証を延長する条件として、同社が圧力損失計算を行った計画図通りに施工されているかを、施工写真で確認する（写真：マーベックス）

給気グリルにティッシュペーパーを当てると、吹き出し方向に動かずグリルに吸い込まれたという。本来の場所ではなく、トイレ用の予備排気接続口に給気ダクトがつながれていた（**写真3**）。

住まい環境プランニングが結露の調査を頼まれた2017年完成の新築住宅では、第3種換気設備の給気口を設けていない部屋があった（**写真4**）。

風量測定すると、換気回数が1時間当たり0.4回しかないと判明。給気口がない居室が換気不足に陥り、窓に結露が生じていた。

メーカーが施工ミス防止

24時間換気設備の施工不良を防ぐには、換気風量の測定が有効だ。風量測定は容易なので、引き渡し前の検査の一環として自社で実施している住宅会社は多い。

ダクト式換気設備を利用する場合は、配管経路ごとに圧力損失計算をして、必要な風量を確保できるか確かめる。そのうえで、職人がダクトを配管図通りに施工しているか、ダクトを変形させるなど無理な施工をしていないかをチェックする。

メーカーに設備計画や圧力損失計算を依頼する場合は、梁の通っている場所が分かる図面を提供する。

換気設備メーカーのなかには、施工写真の提出を求める企業もある。前出のマーベックスは施工経験が豊富な住宅会社に対して、機器の保証期間を5年に延長する条件として、施工写真の提出を求め、適切に施工しているかを確認している（**図2**）。

換気の不具合と対処法

騒音
うるさい、寒いで運転止める

居住者が24時間換気設備や局所換気の運転を止めている住宅は数多く存在する。止める理由で多いのは騒音と寒さだ。熱交換型換気設備を寝室近くに置くと騒音トラブルに発展しやすい。

写真1 寝室のクローゼットに設置

上は、クローゼットの天井点検口。右上は、点検口の天井裏に設置した熱交換型換気設備。右下は、寝室で騒音レベルを測定している様子
（このページの写真・資料：INDI）

北海道に立つ築1年半の木造住宅では、寝室のクローゼットの天井裏に、熱交換型換気設備が設置されていた（**写真1**）。施工説明書に「騒音の原因となる」注意書きがある設置方法だ。この家の居住者は換気設備からの騒音で、不眠症や聴覚過敏症などの症状を訴えている。

調査会社のINDI（札幌市）が寝室で測定した可聴音の騒音は、この製品のカタログに書かれている機械の運転音と同じ45dBに達した。さらに、80Hzの低周波音の騒音は、環境省の参考値（苦情が多くなる値）の41dBを超えていた（**図1**）。

同社の東出憲明代表が注目したのは、床下から屋根までつながる縦シャフトに還気ダクトを通していたことだ。騒音が縦シャフトを通じて家全体に広がり、増幅する原因になっていた。東出代表は「縦シャフトと床下の間などをふさぎ、防音するなどの措置が必要だ」と話す。

ダクト式の24時間換気設備における騒音対策は3つある。まずは、熱交換気ユニットとしての運転音が30dB程度の機種を選ぶ。2つ目は、各室への給排気経路を消音ダクトにする。三菱電機の住宅用換気送風機製造部の新野淳専任は、「消音ダクトは上下に伝わる騒音を減らす。そ

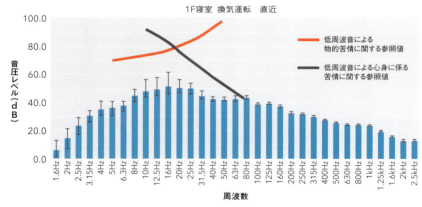

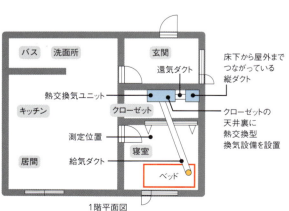

図1 環境省の参照値を超える

上は、寝室で測定した低周波の結果。80Hzの値は環境省が定める「低周波音による心身に係る苦情に関する参照値」の41dBを超えた。左は、熱交換型換気設備とベッドの位置関係

図2 給排気経路に消音ダクトを使う

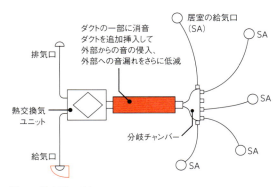

各室に配管される給排気経路には消音ダクト、外壁の給排気口には防音用フードを取り付けて騒音を軽減する
(資料:取材を基に日経ホームビルダーが作成)

写真2
防振ゴムで振動を防ぐ

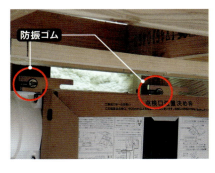

熱交換気ユニットを天井に吊るす際に、吊りボルトと天吊り金具の間に防振ゴムを入れ、モーターの振動が躯体に伝わらないようにしている。施工説明書に従った方法だ。今川建築(石川県小松市)の現場で撮影(写真:日経ホームビルダー)

写真3
局所換気を止める

局所換気設備を運転すると寒くなるため、運転を止めていた例。外気が入ってこないように隙間もふさいでいる
(写真:住まい環境プランニング)

写真4 天井側に吹き出す給気口に

左側の給気口は日本住環境のスクウェアフロー。天井側に吹き出すので、冷気が下がりにくい。右側の正面に吹き出す給気口は、冷気がすぐに下がる(写真:日本住環境)

写真5
家具の上に設置

広島市のカオル建設は、給気口から吹き出す外気が居住者にじかに当たらないよう、食器棚など家具の上に設置している
(写真:カオル建設)

のため、熱交換気ユニットを階間に設置して、その上下に寝室がある場合などにも効果が高い」と話す。

さらに、屋外がうるさい場合は、外壁に設置する給排気口に防音用フードを設置する(**図2**)。

モーターの振動を躯体に伝えない措置も必要だ。天井吊りであれば、吊りボルトと天吊り金具の間に防振ゴムを入れる(**写真2**)。

吹き出し方式で寒さを軽減

第3種換気設備や局所換気設備は、寒さを理由に運転が止められていることが少なくない(**写真3**)。寒さの原因は給気口にある。

居住者が寒いと感じやすい給気口は、外気が正面や下側に吹き出して、冷たいまま足元にすぐに下りるタイプだ。天井側に吹き出すタイプなら、室内に空気が拡散しやすいので寒さを軽減できる(**写真4**)。

給気口の位置も寒さに大きく関係する。床面に近い場所は足元を冷やしやすい。

外気の吹き出す場所を、寝る場所や座る場所に近づけないことも鉄則だ。家具の上に設置して室内に拡散させる方法もお勧めだ(**写真5**)。

換気の不具合と対処法

過乾燥

過乾燥を防ぐ工夫が必要に

冬の24時間換気は室内の過乾燥を招き、さまざまな健康被害に至るリスクが高まる。
熱交換型換気設備は調湿機能があるものとないものに分かれる。製品選びの参考にしたい。

　第3種換気設備で24時間換気をすると冬は室内が過乾燥になる。湿度が低過ぎるとインフルエンザにかかりやすい、アレルギー症状が出やすいといったリスクが高まる（**図1**）。そのため、過乾燥を嫌う人は少なくない。

　健康被害のリスクを減らすために最低限必要な相対湿度について、国立保健医療科学院の林基哉統括研究官はこう話す。「これまでの研究からは40％以上が目安だと考える。ただ、まだ結論が出ていない難しいテーマだ」

　過乾燥対策の1つは、温度と湿度の両方を交換する全熱交換の熱交換型換気設備を使用することだ。熱交換型には温度しか交換しない顕熱交換もあるので注意したい。

　全熱交換でも湿度（潜熱）の交換率は機種によって異なる。日本製は60％以上、海外製はそれよりも低いものが多いと言われる。この性能はカタログに記載されていないので、メーカーへの確認が必要だ。パナソニックエコシステムズの最新機種は潜熱交換率を高め、暖房時は70％以上としている。

　交換率の高い全熱交換の設備を使っても、湿度を40％以上に保つのは難しい場合がある（**図2**）。パナソニックエコシステムズや三菱電機などは、室内に湿度センサーを付けて、湿度が下がると換気量を自動的に減らす機種を用意している。

　第3種換気設備でも、室内の湿度が下がると換気量を自動的に減らす機種がある。ダクト式ではマツナガ（東京都練馬区）の「湿度感応型MSデマンド換気システム」（**写真1**）、ダクトレスでは日本スティーベル（川崎市）の「LTシリーズ」などがそうだ。

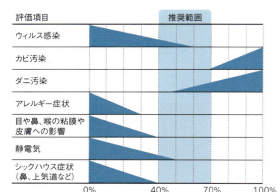

図1
湿度40％以下は健康に悪影響
近年の研究成果に基づく相対湿度の推奨範囲として林基哉統括研究官らが作成したもの。湿度が40％以下になるとさまざまなリスクが高まる
（資料：建築物衛生管理に係る行政監視等に関する研究）

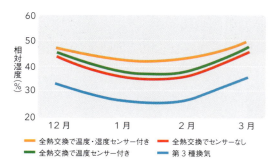

図2
全熱交換でも40％を下回る
全熱交換で湿度センサーを付けた場合と付けていない場合で相対湿度を比較した。センサー付きは40％以上にできるが、湿度センサーなしや第3種換気は40％を下回る。東京の気象データで計算
（資料：パナソニックエコシステムズ）

写真1
湿度に合わせて換気量を増減
マツナガの「湿度感応型MSデマンド換気システム」。湿度に応じてリボンセンサーが収縮して給気口や排気口を開閉させ、換気量を変える。左は給気口用、右は排気口用（写真：マツナガ）

写真2
必要な加湿量を一目で示す
相対湿度と気温、換気量などから、必要な加湿量を計算する。室内の相対湿度を30％にするのに2.172リットル/日が必要と表示
（写真：鳳建設）

加湿器や風呂の湿気活用も

手軽な過乾燥対策といえば加湿器だ。鳳建設の設計部に所属する森亨介氏は、顧客が希望する室内の湿度にするためにどのくらいの加湿量が必要かを計算できるプログラムをつくり、顧客に伝えている（**写真2**）。

設計事務所のオーブルデザイン（新潟県三条市）は浴室で発生する湿気を利用して居室を加湿するとともに、浴室を局所換気なしで乾かす方法を開発した。循環ファンで居室の空気を浴室に送り、浴室の湿気を熱交換型換気設備の還気ダクトなどで居室に送る仕組みだ（**写真3、図3**）。浴室の局所換気による、熱交換率の低下や冷暖房負荷の増加を防ぐ。同社はこの方法を40件以上で採用。浴室の乾燥と居室の加湿に成功している。湿度が高くなり過ぎたら、一時的に浴室の局所換気を使う。

写真3 循環ファンで湿気を拡散
左は、脱衣室内の空気を浴室に送るための循環ファン。右は、湿気を拡散させる開口部と循環ファン（写真：オーブルデザイン）

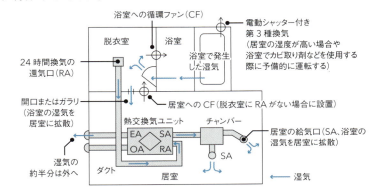

図3 浴室の湿気を居室に送る
風呂の乾燥と居室の加湿を実現する仕組み。浴室を乾燥させるのに大きな風量が必要なので、循環ファンは風量毎時130m³のタイプを利用する（資料：取材を基に日経ホームビルダーが作成）

体験型実験住宅
熱交換ありとなしを同条件で体感

24時間換気を全熱交換の熱交換型換気設備で行った場合、熱交換なしの第1種換気で行った場合、換気をしていない場合の3つの空気環境の違いを、高断熱住宅で体感できる。そんな体験型施設が人気を集めている（**写真4**）。

パナソニックエコシステムズが2017年6月に愛知県春日井市に開設した「IAQ Labo」だ。建築実務者を対象に1日3組限定で体感を受け付け、18年6月上旬までに約6000人が訪れた。同社営業企画部の林義秀課長は「営業所や代理店経由で予約を受け付けている。すぐには案内できない状態だ」と話す。

体感室の特徴は、夏や冬の外気を人工的につくり、いつでも全熱交換の有無を体感できる点にある。取材した日は外気の気温を46℃、相対湿度を35%とした夏の模擬外気を用い、室温を約23℃とした。相対湿度は全熱交換の熱交換型換気で45.3%、第1種換気が66.8%と、大きな差が生じた。

換気をしていない部屋と換気をしている部屋では二酸化炭素量を比較した。前者は後者の約2倍となり1000ppmを超えていた。

写真4
U_A値0.46の高断熱住宅で体感
上は、建物の外皮平均熱貫流率を0.46W/m²Kにした実験住宅内に設けた体感室。同じつくりにした部屋が3つあり、換気方法の違いを体感できる。下は、3つの体感室の温熱や空気質などのデータを表示したパネル（写真：日経ホームビルダー）

シックハウス対策
厚労省が化学物質の規制強化

化学物質の室内濃度指針値を厚生労働省が改定した。新規の代替化学物質などによる健康被害を想定しての判断だが、代替物質の出現には際限がない。24時間換気の重要性はますます高まっている。

厚生労働省は、居住者の健康への影響が懸念される化学物質の室内濃度指針値を一部改定した。

同省は2002年までに13種の化学物質の指針値の案を制定した。このうち、キシレンなど4種の化学物質の指針値を19年1月に改定した。テキサノールなど3種の化学物質を新たな対象に加えることも検討しているが、19年1月の改定では見送られた（図1）。

改定の背景には、指針値を持つ化学物質の代替として使われる物質やSVOC（準揮発性有機化合物）による健康被害への懸念などがある。実際、水性塗料から放散したテキサノールによって健康被害が発生した事案が報告されている。

シックハウス問題に詳しい早稲田大学理工学術院創造理工学部建築学科の田辺新一教授によれば、住宅内に存在する化学物質の種類は非常に多く、測定すれば200～300種類を確認できるという。

国立保健医療科学院の林基哉統括研究官のグループが、新築の木造戸建て住宅8軒を対象に、指針値のない化学物質の室内侵入量を測定したところ、全ての住宅でTVOC（総揮発性有機化合物）が暫定目標値の400μg/m³を超えた（図2）。

「代替物質など未知の化学物質は次々と現れる。建材だけでなく、家具やさまざまな通販製品によるトラブルも多い。だからこそ毎時0.5回の機械換気が重要だ」（田辺教授）

子ども基準で化学物質を削減

千葉大学柏の葉キャンパス（千葉県柏市）では、同大学予防医学センターと住宅メーカーの共同研究「ケミレスタウン・プロジェクト」が進む。

敷地内にTVOCに配慮した住宅などを建設。環境改善によってシックハウス症候群などの疾患を防ぐ環境改善型予防医学の実践の場とし、07年から研究を続けている。千葉大学大学院の森千里予防医学センター長は「将来は、疾患の原因となる化学物質の発生源を突き止め、量を減らして症状を改善する『家の診断システム』を構築したい」と話す。

同プロジェクトに参画している積水

図1 接着剤や塗料などが発生源

指針値の新設を検討している揮発性有機化合物	室内環境中の主な発生源	指針値（案）
2-エチル-1-ヘキサノール	可塑剤の加水分解生成物、内装材などの施工に用いる接着剤、塗料、インク	130μg/m³ (0.02 ppm)
テキサノール	ラテックス塗料（TXIBの加水分解で生じる可能性あり）、内装材などの施工に用いる塗料、シーリング剤などの溶剤や助剤	240μg/m³ (0.03 ppm)
TXIB (2,2,4-トリメチル-1,3-ペンタンジオールジイソブチレート)	可塑剤（ビニル床材、玩具、壁紙）、溶剤、成型助剤	100μg/m³ (8.5 ppb)

指針値を見直した揮発性有機化合物	室内環境中の主な発生源	指針値（従来値）	指針値（改定後）
キシレン	内装材などの接着剤、塗料、建材やそれらを使用した家具	870μg/m³ (0.20 ppm)	200μg/m³ (0.05 ppm)
エチルベンゼン	合板や内装材などの接着剤、塗料、建材やそれらを使用した家具	3800μg/m³ (0.88 ppm)	58μg/m³ (0.01 ppm)
DBP（フタル酸ジ-n-ブチル）	塗料、顔料、接着剤	220μg/m³ (0.02 ppm)	17μg/m³ (1.5 ppb)
DEHP（フタル酸ジ-2-エチルヘキシル）	壁紙、床材、各種フィルム、電線被覆	120μg/m³ (7.6 ppb)	100μg/m³ (6.3 ppb)

厚労省が新設を検討している指針値と見直しを実施した指針値。室内空気汚染の状況はライフスタイルの多様化や家庭用品の変遷、新たな代替物質の登場などで絶えず変化している。継続した実態調査が必要だ（資料：厚生労働省の資料を基に日経ホームビルダーが作成）

ハウスは、07年に実験棟を建設し、棟内にさまざまな建材や設備を実装して有効性を検証。その成果をオリジナル建材の開発に反映させ、11年に空気環境配慮仕様「エアキス」として商品化した（図3）。

エアキスは「化学物質の抑制」と「換気・空気清浄」の組み合わせで健康的な空気環境を構築する。東京都の「化学物質の子どものガイドライン」を基準に化学物質を削減し、ホルムアルデヒドなど5物質の濃度を指針値の半分以下に抑えた。

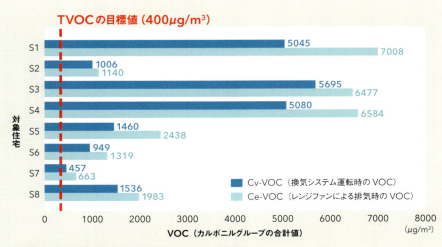

図2 構造内部の化学物質が室内に侵入

新築戸建て住宅8軒を対象に、住宅構造内部の化学物質が室内減圧によって室内に漏出する状況を測定した。厚労省の指針値が出ている個々の物質は基準値未満だったが、指針値のない物質群のVOCは、TVOCの目標値400μg/m³を大きく超えた。レンジファンによって減圧した場合は、換気システム稼働時よりも濃度がより高くなった（資料：「日本建築学会環境系論文集第83巻第747号 2018年5月 林基哉ほか『木造戸建住宅の構造内部化学物質の室内侵入に関する測定』」に一部加筆）

図3 シックハウス対策研究が結実 （実証実験棟で実装検証した空気環境配慮型の建材や設備の例）

［接着剤］ **低TVOC対策** 揮発されるVOC総量を極力低減した仕様のウレタン系接着剤	［壁、天井］ **塗り壁** ホルムアルデヒドを化学的に吸収・分解するため再放散しない	［キッチン］ **ステンレス仕様** 化学物質の放散が少ないステンレス構造のシステムキッチン
［下地材］ **非ホルムアルデヒド系合板** ユリア、メラミン、フェノール系の接着剤を使った合板とは異なり、ホルマリンを使用しない水性ビニルウレタン接着剤による合板	［建具］ **オレフィン樹脂貼り仕様、アルミ枠仕様** 独自のオレフィン樹脂貼りやアルミ枠にポリカーボネート面材を組み合わせた建具を採用	［ユニットバス］ **低VOC対策** 浴槽やパネル部材について、樹脂の硬化時間を調整することにより、揮発するVOCに配慮
［断熱材］ **再生PET** ポリエステル樹脂でリサイクルが可能な環境にやさしい素材	［換気］ **第1種換気**（アメニティ換気システム） 同時給排により各居室に清浄空気を確実に供給	［外壁］ **ダインコンクリート** 無機基材である独自のダインコンクリート外壁を採用

検証結果をオリジナル建材開発に反映

5つの化学物質を 国の指針値の1/2以下に	ニーズに合わせた 空調・換気システムを選択
化学物質の抑制	**換気・空気清浄**
● 出さない ● 吸着させる	● 換気する ● 入れない

積水ハウスは、自社と千葉大学とで共同で進める「ケミレスタウン・プロジェクト」によって室内空気環境を高める600種類以上の建材や設備を評価。その成果をベースにオリジナル建材を開発し、空気環境配慮仕様「エアキス」を商品化した。エアキス仕様の住宅は、ホルムアルデヒド、トルエン、キシレン、エチルベンゼン、スチレンの5物質の居住時室内濃度を、国の指針値の半分以下に抑える。さらに、居住者のニーズなどに合わせて全館空調、全館調湿、熱交換換気、自然換気の換気システムを組み合わせて、上質な室内空気環境を実現する。写真は同社が千葉大学の敷地内に設けた実証実験棟
（資料：上は取材を基に作成、左は積水ハウスの資料に一部加筆、写真：奥野 慶四郎）

性能評価
換気設備の信頼性測る指針に

24時間換気設備にはさまざまなトラブルが起こる。そこで参考にしたいのが、専門家がまとめた性能評価のガイドライン。ダクト式機械換気設備に的を絞り、設計施工から保守までの留意点をまとめた指針だ。

ダクト式機械換気設備は、任意の場所への給気、任意の場所からの排気が可能で、プロペラ式の換気設備よりも質の高い室内空気環境を構築できる。ただ、設計・施工が難しいうえに、換気量を維持するためのメンテナンスが不可欠なので、設置や運用には配慮が必要だ。

そこで、住宅実務者の指針としたいのが、建築環境・省エネルギー機構（IBEC）が2016年にまとめた小冊子「住宅用機械換気設備の計画と性能評価」だ（**写真1**）。一部で局所換気設備についても解説しているものの、大半を24時間換気設備の説明に割いている。

「ダクト式機械換気設備に特化し、設計・施工に際しての留意点や運用・保守のポイントを実務者向けにまとめた」。同書の制作に携わった建築研究所の澤地孝男理事は、発刊の狙いをこう説明する。

写真1
住宅用機械換気設備の設置指針
住宅にダクト式機械換気設備を設置する際の留意点をまとめたブックレット。換気設備の信頼性や省エネ性などをチェックする評価手法も紹介している。建築環境・省エネルギー機構が提供。1冊1296円
（写真：建築環境・省エネルギー機構）

[信頼性評価シート]

項目	チェック内容	要件	ポイント
1	❶必要換気量の確認（全般換気）	換気対象部分の床面積や気積の計算、必要換気回数の確認など、ブックレット上で挙げた全般換気に関する4つの実施項目を全て履行した	10
	❷同上（局所換気）	目安の風量を参照して風量目標値を定めて❷の圧力損失計算を行った。または、各種センサーやタイマーによる制御機能を持つ機器を採用した	10
2	圧力損失計算の履行（全般換気）	測定結果の信頼性の高い換気設備部材を選定し、それらの風量－静圧特性を入手した	5
		運転点と送風機の特性曲線を比較し、運転点が特性曲線よりも下にあることを確認した。設置対象住宅のための送風機の運転モードを明確に特定し、工事仕様書を介して居住者に情報提供した	5（いずれか）
		送風機の運転モードを送風機の本体に表示するなどして居住者や施工者に情報提供した。運転点を通る二次関数と送風機の特性曲線から風量を求め、その値を風量目標値の合計で除した風量の余裕率が1.4倍以下であることを確認した	10
		換気回路網計算によって各居室の風量を求め、風量目標値との比較から余裕率を確認した	15
3	外皮の気密性と整合した換気計画（図2参照）	換気計画は、外皮の相当隙間面積（C値）の要件や、計画する換気システムの種類により判断して立案した	0～15
4	フィルターなどの清掃方法（図3、写真2参照）	メンテナンス位置、清掃頻度、清掃方法などを明確にした	10
		メンテナンス位置、清掃方法などを明確にし、そのうえで換気ユニット本体の清掃を容易にする対策がとられている	0～15
5	騒音対策	騒音値が本体カタログ値35dB（A）以下	5
		第1種換気の要件を満たす	5
		第3種または第2種換気の要件を満たす	
6	竣工後の風量確認と記録	実施した	10
7	設備部材の更新計画（図4参照）	設計図書に換気設備の各部材の耐用年数を記載し、劣化や故障が生じた場合の交換、更新の手順を記載した	10
合計			最大110

[合計ポイントの評価内容]

合計ポイント数（イメージ）	評価	評価の内容
90以上	5	非常に高い信頼性を有する
90未満80以上	4	高い信頼性を有する
80未満65以上	3	満足できる一定の信頼性を有する
65未満50以上	2	最低限の信頼は有するものの、向上が求められる
50未満	1	信頼性について課題がある

図1 換気設備の信頼性を自己診断
写真1のブックレットに掲載されている住宅換気設備に関する信頼性評価シート。7つのチェック項目を各要件の実施状況によって採点（左）。その合計点に応じて、設計・施工した換気設備の信頼性を評価する（上）（資料：建築環境・省エネルギー機構の資料に日経ホームビルダーが加筆）

脚立が必要な保守は低評価

同書では、構築したダクト式機械換気設備の信頼性を評価する手法も紹介している。設置を手掛けた実務者が設計・施工に関する7項目の実施状況をチェックし、実施の有無に応じて付与されたポイントの合計点で評価する（**図1**）。

例えば、「外皮の気密性と整合した換気計画」では、熱交換換気や内外壁で囲まれた空間を換気経路とする場合の外気導入量の分配を考慮して、C値（相当隙間面積）の目安を2cm²/m²に設定。この値を基準に判定する（**図2**）。

「フィルターなどの清掃方法」では換気設備のメンテナンス性を評価する。換気ユニットがメンテナンスしやすい位置にあるか、清掃方法や清掃頻度を明示しているか、換気ユニット本体の清掃を容易にする対策を講じているか、などを評価対象とする（**図3、写真2**）。

澤地理事はこう解説する。「換気ユニットが脚立なしで手の届く位置に設置してあるものや、フィルターなどの交換方法が容易で少ない動作回数で作業を完了できるものなどが望ましい」

「設備部材の更新計画」では、まずは各部材の耐用年数や、劣化・故障が発生した場合の手順を設計図書に記載することがポイント獲得の要件となる。加えて、建て主には部材の更新スケジュールや維持管理のコストを示し、適切にメンテナンスするように促すことを求めている（**図4**）。

図2 外皮の気密性と整合した換気計画

	各室給気（1種・2種）	各室排気（3種）	浴室・便所などからの集中排気（3種）
C値＞2cm²/m²	10	5	0
C値≦2cm²/m²	15	10	5

相当隙間面積（C値）2cm²/m²を目安値として設定し、十分な気密性を確保できているかをポイントで判定する（資料：建築環境・省エネルギー機構）

図3 換気ユニットを清掃しやすい場所に

［換気ユニット本体の清掃作業を容易にする要件］

a	脚立や踏み台を使用せずに、立位または座位の姿勢で作業が可能であること
b	メンテナンスお知らせスイッチ（写真2）を採用
c-1	清掃用具（掃除機）以外の道具を必要としないこと
c-2	清掃対象部位を取り外す必要がある場合は、5種動作※以内で取り外し操作が完了できること。かつ、清掃対象部位を元に戻すために取り付ける必要がある場合でも、5種動作以内で取り付け操作が完了できること
c-3	清掃作業や部材の脱着が繰り返しなされても、部材の変位・変形が生じないこと

※1種動作とは、腕や手、指による同一種類の動作。例えば、「取っ手を回す、蓋を開ける、清掃対象部位を引き抜く」という一連の動作は3種動作になる（資料：下も建築環境・省エネルギー機構）

換気ユニット本体は、清掃しやすい場所に設置するのが原則だ。脚立や踏み台を使用しなくても、立ったままの姿勢で清掃できるのが望ましい

写真2

清掃時機を伝える便利な機能

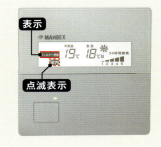

建て主に換気設備の清掃を促すには、適切なタイミングを知らせることが望ましい。右は、室内側フィルターの交換時機が迫っていることを通知する表示パネル（写真：マーベックス）

	0年	5年	10年	15年	20年	25年
初期設置	30万円					
ファン・モーター						
熱交換素子			5万円		5万円	
フィルター・防虫ネット		5000円		5000円		5000円

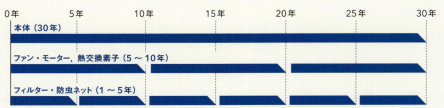

機器代および工事費の合計（目安）
41万5000円

図4 ライフサイクルコストを建て主に説明

熱交換ダクト式第1種換気システムのライフサイクルコストの試算例。住宅用の換気システムは、専門家による点検や清掃がまだ一般的ではなく、居住者自身が適切に行う必要がある。設計者は建て主に対し、あらかじめ、部材の交換時期やそれにかかる費用などを知らせておく必要がある

第3章
カビのトラブルと対処法

カビのトラブルと対処法

壁内
通気工法に改めたのにカビ臭

通気工法で改修した外壁の通気層で、カビ臭が発生。
通気工法がカビ対策として万能ではないことが浮き彫りになった。

1度目の改修後

2度目の改修後

写真1　モルタルからサイディングに交換
南面以外は軒の出がない住宅で、北面には横長窓を設置している。当初はモルタルの直張りだったが、1度目の改修でモルタルの通気工法に変えた。2度目の改修では、通気工法のサイディングに改めた

　カビ臭さをきっかけに、完成から5年半の間に外壁を2度も施工し直した住宅がある。もちろん、費用は施工した住宅会社のA社持ちだ。2017年12月に実施した2度目の改修は、外壁をモルタルの通気工法からサイディングに変える大掛かりな内容になった（**写真1**）。

　最初に建て主がカビ臭を訴えたのは、引き渡しから約10カ月後の時点だ。結露と雨漏りに詳しい東洋大学の土屋喬雄名誉教授と屋根・外装工事会社エバーの江原正也社長、結露と雨漏り調査を手掛ける神清の神谷昭範常務の3人が、住宅を建てたA社に原因調査の協力を頼まれた。

　3人の専門家チームは住宅に軒がないうえに、横長の窓がある点に注目。雨水が当たりやすくなっている直張りのモルタル外壁で防水施工を誤ったために、雨水が合板まで浸透し、カビが生じたと結論付けた。

　A社は内外装材を全て撤去したうえで、モルタルがぬれても乾きやすいように、直張りから通気工法に変更する最初の改修を実施した。

外壁内はカビが好む温湿度

　この最初の改修でカビ臭は消えた。ところがその2年半後の16年7月、建て主は最初にカビ臭がした場所と同じ2階北面の廊下側で、再びカビ臭を感じた（**写真2**）。「子どもが生まれたばかりなので、カビによる健康影響が心配だ」。こう言って、建て主は再びA社に対応を求めた。

　微生物分析機関に2階北面の外壁内で採取したほこりを調べてもらうと、コウジカビ（アスペルギルス）やアオカビ（ペニシリウム）など6種類のカビが確認された（**図1、写真3**）。6種類とも湿度がやや高い外気や、室内によく存在するカビだ。この分析ではカビの種類しか特定できないので、再度、専門家チームが発生原因の調査に協力した。

　専門家チームは2階北面の横長

写真2 北面の廊下側がカビ臭い
建て主が1度目の改修後にカビ臭さを訴えた2階北面の廊下

図1 写真3 6種類のカビを検出
住宅会社の依頼を受けてテクノスルガ・ラボがカビ調査を行い、作成した報告書の一部。2階北面の廊下側と納戸側の外壁内でほこりを採取。6種類のカビを特定した。採取した菌の中には木材腐朽菌として知られる微生物は含まれていなかった（資料：テクノスルガ・ラボ）

窓のある廊下側と、窓のない納戸側の温湿度測定を一定期間続けた。すると、17年6月の外壁内と通気層の平均温度は、いずれも20℃に達していた。

他方、外壁内の湿度は廊下側が75％、納戸側は62％、外気は73％だった。湿度は9月から10月にかけて上昇し、最も高くなった廊下側の通気層では平均85％になった。廊下側と納戸側の外壁内はどちらも、カビの成長に適した環境だと分かった。

6月の記録を見ると、外気と廊下側の通気層の湿度が連動していないことも判明した。外気の湿度が下がっても、通気層の湿度が下がらない日があったからだ（**図2**）。納戸側は廊下側よりは外気に近い動きを示したものの、その連動は限られていた。土屋名誉教授は「通気層に外気が入らないと、外気と連動しなくなる」と説明する。

測定だけでなく、通気層の通気具合を調べる実験も実施した。通気層の土台水切り付近で煙を立て、笠木

図2 廊下側の通気層は湿度70％超に

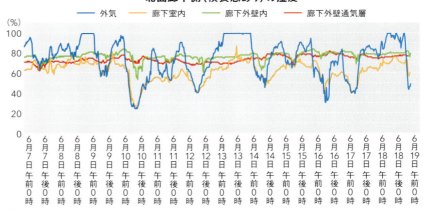

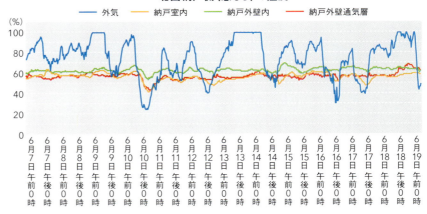

廊下側の通気層と外壁内はカビが成長しやすい70％を概ね超えていた。納戸側は70％を下回る。6月10日と16日の午後は外気の湿度が下がっても、廊下側の通気層はほとんど湿度が変わらない（資料：101ページまで特記以外は日経ホームビルダー）

写真4 煙で通気速度を測る

通気層の土台水切り付近で煙を立て、笠木側にある通気出口から煙が出てくるまでの所要時間を測定した
(写真:日経ホームビルダー)

図3 北面廊下側は通気せず

実施箇所	通気層の出口	高さ(cm)	1回目		2回目	
			時間(秒)	速度(cm/秒)	時間(秒)	速度(cm/秒)
北面廊下側(横長窓あり)	そのまま	650	0	0.00	0	0.00
北面納戸側(窓なし)	そのまま	650	360	1.81	—	—
	広げる	650	230	2.83	—	—
東面(窓あり)	そのまま	640	105	6.10	0	0.00
東面(窓なし)	そのまま	600	49	12.24	240	2.50
	広げる	600	27	22.22	—	—
西面(窓なし)	そのまま	640	36	17.78	—	—

通気層を通る煙の通気速度をまとめた。北面廊下側の通気速度はゼロだった。北面納戸側は通気層の出口を広げると、通気速度が上がった

写真5 窓回りに注水

サッシとモルタルの接点に注射針で注水している様子。モルタル表面に生じたクラックからも注水した(写真:神清)

温湿度計を設置していた点検口

写真6 窓回りの胴縁にカビによる染み

上は、モルタルを撤去して、2階北面廊下側の通気層を見た様子。通気が流れにくい箇所に設置された窓下の横胴縁が黒くなっている。手前の縦胴縁には、モルタルの下地として施工されていたターポリン紙が張り付いていた。両側のサッシ回りから浸入した雨水が染み込んだと思われる。左は、北面の窓回り。窓の上の横胴縁と透湿防水シートに黒い染みが生じている

側にある通気出口から煙が出てくる所要時間を測定したのだ(**写真4**)。横長窓のある北面廊下側の通気層では、煙が出てくる様子を確認できなかった。一方、納戸側は東西面よりも煙が出てくるまでに時間を要したものの、煙が出ることは確かめられた(**図3**)。

A社は窓と胴縁の間に3cmの隙間を設けて、横から上に流す通気経路を確保していた。一般的な施工方法だが、横長の窓を設けていたために、空気が上に流れにくくなっていた可能性があった。

原因を調べているうちに判明したのが、サッシとモルタルの接点やモルタル表面からの通気層への雨水浸入だった。A社はわずかな雨水浸入を恐れ、メーカーの施工マニュアルでは求めていないサッシ回りのコーキングを、モルタルの下塗り段階で念入りに行っていた。にもかかわらず、注水すると浸入した(**写真5**)。

写真7 躯体のカビ臭を消す
既存躯体や床材などに付着したカビ臭を、ダスキンのオゾン脱臭で除去している様子。臭いを分解した後は酸素に戻るため、毒性が残らないという

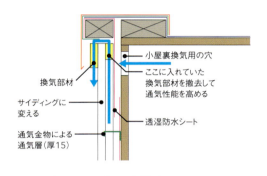

図4 通気出口の部材を撤去
2度目の外壁改修工事で採用した笠木側の通気出口の納まり。雨水を入りにくくするために設置していた2つの換気部材の片方を撤去するなど、開口面積を広げた

写真8 通気金物で縦横に通気経路を確保
上下とも2度目の改修工事の様子。サイディングを点状の通気金物で固定し、通気経路を確保した。窓下には水が浸入しにくい樹脂製の短い補助胴縁を採用した

採用したモルタル通気工法の標準仕様を調べると、通気層側に防水性能が高くないターポリン紙を用いていると分かった。モルタルにクラックなどが生じた場合に、通気層に雨水が伝わりやすい仕様だ。

専門家チームはこれらの調査結果を踏まえて、次のようにカビの発生原因を推定した。「横長窓回りでの通気層の通気不良、湿度の高い立地条件、モルタル表面とサッシの接点からの雨水浸入が重なって北面廊下側の通気層内で湿度が上がり、外壁内でカビが成長した」

木胴縁から通気金物に変更

この結論を受けてA社は建て主と話し合い、2度目の外壁改修を決断した。モルタルを剥がすと、北面の横長窓周辺の横胴縁や、2つの窓の間に設置された縦胴縁に、カビによる染みが見つかった。合板は窓回りの通気層側だけ色が濃くなり、含水率が20％を超えていた（**写真6**）。「横胴縁の染みは通気不良、縦胴縁の染みは雨水の浸入を裏付けるものだ」と神谷常務は説明する。

いったん出たカビを完全に除去するのは難しいとA社は考え、内外装を全て剥がし、躯体に残るカビ臭を消すためのオゾン脱臭を行った（**写真7**）。

2度目の外壁改修で採用したのは、水の染み込みにくい窯業系サイディングだ。これを木胴縁ではなく、点状の通気金物で固定する仕様にした（**写真8**）。念を入れて、笠木側の通気出口から通気層内の空気が抜けやすくなるように、納まりも見直した（**図4**）。住宅は2度目の改修後に梅雨と夏を迎えた。カビ臭は今のところ発生していない。

カビのトラブルと対処法

床下・基礎
基礎断熱の床下に死角

床下は住宅内でカビの危険性が高い箇所だ。
カビが引き起こしたトラブル事例や住宅でのカビ調査から、カビを増やす床下の特徴を探る。

事例1
換気不良
夏型過敏性肺炎を発症

埼玉県内の木造戸建て住宅に住む40歳代の男性は、基礎断熱の床下地合板に生えたカビが原因で、夏型過敏性肺炎と診断された。入居から6年目のことだ（**写真1**）。

夏型過敏性肺炎とは発熱やせき、呼吸困難などを伴う、夏に多く発症する肺炎だ。高温多湿な環境に広く生息するトリコスポロンというカビがアレルゲンとなる。男性の症状は重く、入退院を半年間繰り返した。

男性が床下のカビに気づいたのは、体調が悪くなったうえに、換気ガラリからカビ臭さを感じたためだ。男性は家ではいつも、床下につながる換気ガラリの近くに置かれた椅子に座っていた。そのため、ガラリから部屋に入ってきた床下のカビを吸い込んだと思われる（**図1**）。

住宅は2階の天井裏に第1種換気設備を設置し、基礎断熱の床下に換気ダクトを配していた。ところが、換気設備のフィルター清掃が入居以来行われず、ほこりだらけになっていた。フィルターが詰まって十分な換気性能を発揮できなくなったために、床下の空気の流れも悪くなり、カビが増殖したとみられる。

元請けの住宅会社がトラブルに対応しなかったので、代わりに建て主の相談に乗っていた住宅会社の紹介で、プレモ（埼玉県上尾市）がカビの防除工事を手掛けた。男性はさらに、基礎断熱をやめて、床下換気口を設けた。

写真1 床の下地合板に大量のカビ
上は、夏型過敏性肺炎を発症する原因となった床下地合板。カビが活発に増殖してまだら模様に変色し、強烈なカビ臭が発生していた。トリコスポロンなどが生息している。下は、第1種換気設備のダクトを敷設していた基礎断熱の床下（写真：プレモ）

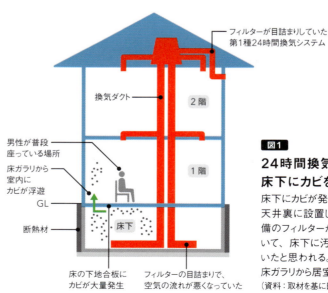

図1
24時間換気が床下にカビを送る
床下にカビが発生した仕組み。2階の天井裏に設置していた第1種換気設備のフィルターがほこりだらけになっていて、床下に汚れた空気を送り込んでいたと思われる。カビは床下で増殖。床ガラリから居室に拡散していた
（資料：取材を基に日経ホームビルダーが作成）

プレモの山田和彦取締役は同じ仕様の別の家でも床下のカビ被害を目にしていた。「換気が全くできない基礎断熱の床下のカビリスクは言うまでもない。だが、機械換気設備があるからといって安心してはいけない」と山田取締役は注意を促す。

事例 2

部材の含水
カビ濃度が基準の4倍

住宅のカビリスクは夏や雨の多い季節に高くなると考えがちだ。しかし、基礎断熱の床下は冬も注意が要る。床下のカビの量が、室内や外気よりも多くなる場合があるのだ。

宮城学院女子大学の本間義規教授は、基礎断熱を採用した住宅6棟で、床下のカビ浮遊濃度（カビ濃度）を冬に測定した。すると、5棟で床下のカビ濃度が外気や室内よりも高くなった（**図2**）。

夏は6棟とも床下のカビ濃度が最も低かったので対照的な結果だ。「外気のカビ濃度が低くなる冬に、基礎断熱の床下がカビの汚染源になるリスクを示す」と本間教授は忠告する。

冬に床下のカビ濃度が特に高かったのは、住宅Aと住宅Fだ（**写真2**）。住宅Aはカビを目視できず、臭いも感じられなかった。それでも、日本建築学会が住宅で定める規準の4倍に当たる4047cfu/m³の浮遊真菌濃度※となった。住宅Fは学会規準相当の1021cfu/m³だ（日本建築学会の規準は110ページ参照）。

2棟とも床下で暖房を行い、床下空間の湿度は50%以下と比較的低かった。存在が確認されたカビは高湿度を好むクロカビはわずかで、より湿度が低くても育つアオカビが多かった。「カビは湿度が低い環境では増殖しないが、消滅するわけではない。湿度が低くなる前に成長したカビが残っている状態だと考えられる」と本間教授は説明する。

2棟の床下のカビ濃度が高かった理由の1つは、床組みに使用している木材などに湿気が残っていたためだと考えられる。住宅Aは完成して1年以内、住宅Fは夏の豪雨で床下浸水していた。

本間教授によると、完成時の建材の含水率が高い問題はひと冬経過すれば解消する場合が多かった。とこ

図2 カビ濃度は床下が高い

	A	B	C	D	E	F
基礎の深さ(mm)	400	400	450	450	450	630
室内との関係	床面開口	床面開口	収納扉	なし	なし	床面開口
床下用途	一部家事室	換気経路	一部収納	なし	なし	地下室
床下の設置物	床下暖房	床下暖房、木炭塗料	調湿木炭	スラブヒーター	電気温水器	床下暖房

上の棒グラフは、岩手県内に立つ6棟の住宅の床下などの冬季（11月から2月）における平均浮遊カビ濃度。空気中のカビを培地に捕集し、菌糸数を数えた。住宅D以外の5棟は床下の濃度が一番高い。下の表は6棟の床下の主な仕様（このページの資料と写真：本間 義規）

写真2 床下でカビが浮遊
空気中に浮遊しているカビを採取した住宅A（写真左）と住宅F（写真右）の床下。住宅Fの床下は外部に直接つながる地下室で、床下浸水した履歴がある

※浮遊真菌濃度の単位に用いるcfuとはコロニーフォーミングユニットの略で、コロニーを形成する能力のある菌糸の数を示す

事例3

図3　写真3
冷暖房した空気を床下に
左は、送風ファンと送風ダクトが設置されている床下の様子。基礎断熱にはコンクリートの立ち上がりとスラブ面の外側に厚さ50mmのXPSを使用した。下は、カビ調査を行った住宅で採用しているYUCACOシステムの仕組み
（このページの資料と写真：特記以外は井口雅登）

壁掛けエアコン　空調室　全熱交換器
建築ダクト
吹き抜け
床チャンバー
奥が浴室の床下　床チャンバー　送風ファン

浴室床下

写真4　試験片に入れたカビが成長
左は、カビセンサーと呼ばれる試験片を床下に設置している様子。試験片の中には休眠状態のコウジカビとカワキコウジカビ、ススカビの胞子が入っている。右は、試験片に入れたカビの21日後の様子。浴室の床下に置いた試験片のカワキコウジカビは、菌糸が平均75μm伸びていた（写真：環境生物学研究所）

調査箇所	平均菌糸長（μm）			カビ指数
	コウジカビ	カワキコウジカビ	ススカビ	
外気	138	316	0	6.6
浴室	546	673	556	9.3
浴室床下	39	75	0	3.6
リビング床下	0	0	0	検出下限値未満
洗面所床下	0	0	0	検出下限値未満

図4　浴室床下でも成長
カビセンサーで調べた設置箇所ごとのカビの菌糸長と、カビの発育のしやすさを示すカビ指数。菌糸長は浴室の床下よりも浴室や外気の方が長くなり、カビ指数も大きくなった

ろが、最近は床下の気密性能が高くなり、ひと冬では乾き切らない場合も少なくないという。

床下のカビ濃度が室内よりも高くなる要因として本間教授が着目するのは、清掃をほとんどしていない点だ。住宅Aはコンクリートスラブに掃除機をかけて木部を拭いたところ、アオカビの濃度が2000cfu/m³から1000cfu/m³に下がった。「床下をカビの汚染源にしないためには、掃除しやすい構造にしておくことが重要だ」（本間教授）

事例3

外気の流入
窓開けでカビが成長

床下を換気経路にしている全館空調の住宅でも、窓を開けて過ごす建て主は少なくない。日本大学の井口雅登助教が調査したところ、窓開けによって基礎断熱の床下がカビの成長できる空間に変わるリスクが確認できた。

カビの調査を実施したのは、東京都内にあるYUCACOシステムを採用した住宅だ。YUCACOシステムとは、壁掛けエアコンで冷暖房した居室の空気を送風ファンで床下に送り、家全体に循環させる全館空調の仕組みだ。窓を開けると、居室に入った外気が床下に送風される（**図3、写真3**）。

調査は休眠状態のカビ胞子を閉じ込めた試験片を床下の各所に一定期間設置し、菌糸の伸長を測定する方法で行われた（**写真4**）。設置期間は6月21日からの21日間とし、うち約16日間は窓を開けた。

菌糸の伸長は外気や浴室よりも短かったものの、浴室の床下で確認された（**図4**）。

菌糸がリビングの床下では成長せず、浴室の床下で成長したのは、後者の温度がわずかに低く、湿度が高くなっていたからだ。浴室の床下の湿度は最大77％。リビングの床下のとの差は最大で6ポイントに至った。

エアコンを運転すると、浴室の床下の湿度は概ね60％以下に下がった。井口助教は「高温多湿な時期に床下に空気を循環する場合は、冷房して室内の湿度を下げる必要があると、居住者に徹底して伝えてほしい」と強調する。

事例 4
工事中のぬれ
仕上げ材にカビが発生

写真5　犯人はぬれた床材
上は、実験住宅のフローリングに現れたカビによる染み。右は、カビが発生している箇所のフローリングの含水率を測っている様子。含水率計は58.3％を表示した
（写真：住まいの屋根換気壁通気研究会）

床にカビが発生する原因として多いのは、工事中に床の構造材が雨にぬれることだ。カビは床下側だけでなく、仕上げ材側にも出現する場合がある。竣工して間もなく、フローリングに染みができる現象だ。

住まいの屋根換気壁通気研究会が実証研究に使う床断熱の実験住宅では、床の下地合板を施工した段階で、わざと雨に1日ぬらした。竣工して4カ月後、フローリングにカビによる染みが出現した（**写真5**）。

カビが発生した箇所には、床の構造材と下地合板の継ぎ目が重なり、フローリングの継ぎ目と交差しているという特徴がある（**図5**）。隙間に湿気が集まって湿度が高くなり、カビが成長

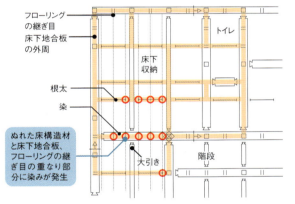

図5
継ぎ目が重なる箇所に発生
フローリングにカビが発生した箇所を示す。床の構造材と下地合板の継ぎ目が重なり、フローリングの継ぎ目と交差する箇所に当たる
（資料：住まいの屋根換気壁通気研究会の資料に日経ホームビルダーが加筆）

しやすい環境となっている。フローリングの含水率は、カビのない箇所で20％以下だったのに対して、カビのある箇所は60％前後に達していた。

採用した建材と住宅の使用環境が、カビの発生を助長した面もある。水を通しにくいワックスで覆ったフローリング材と押し出し法ポリスチレンフォームの床断熱を採用したうえ、完成後も窓を閉めていたからだ。

実験住宅を施工したモリシタ・アット・ホーム（兵庫県姫路市）営業本部の山下友凡部長は次のように話す。「竣工してすぐにフローリングに染みが現れるトラブルの存在は知っていた。だが、工事中のぬれで発生するカビが原因だとは思わなかった」。同社では、工事中に構造材をぬらさないよう努めている。万が一ぬれた場合は床下地合板を交換する。さらに、ワックスでコーティングされていないフローリングを標準仕様にしている。

ダンプネスの家は有病率が高まる

　居住環境に過度の湿気があり、カビや結露などの問題が生じている状態を「ダンプネス」と呼ぶ。近年、ダンプネスとアレルギー疾患をはじめとする健康影響との関係が、国際的に注目されている。

　秋田県立大学の長谷川兼一教授らの研究グループは、居住環境におけるダンプネスの程度を評価する方法を独自に作成。3～12歳の子どもがいる全国の5071世帯を対象とする調査を2014年に実施した。

　ダンプネスの程度は簡単な方法で客観的に数値化した。カビや結露の発生状況に関する5項目について該当する選択肢を選び、与えられた点数を合計した評点でランクを付けている。ランクのしきい値は調査した5071世帯の住宅の合計点の分布を基に、6.3点未満をランク1、13.3点以上をランク4とした（図1）。

　ダンプネスの程度と子どものアレルギー疾患との関係は、程度が高いほど有病率が高くなった（図2）。アレルギー性鼻炎の場合、ダンプネスの程度が低いランク1の有病率が9%なのに対して、ダンプネスの程度が最も高いランク4では18.2%となり、9.2ポイント上昇した。ぜんそくではランク1からランク4になると、有病率が約1.7倍に増えた。

　ダンプネスによる健康影響は、浸水した住宅の住民にも見られる。国立保健医療科学院と長谷川教授などが水害発生地域の住民を対象に行った調査では、床上・床下浸水した住宅の住民は浸水被害を受けていない住宅の住民と比べて、健康状態が悪い割合が高くなった（図3）。

図1　5項目の合計点でダンプネスを評点

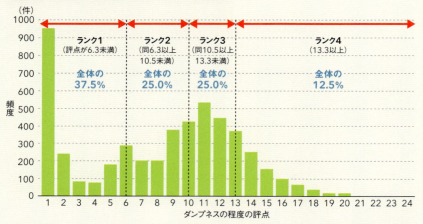

調査した住宅5071件のダンプネスの評点とランクの分布を示す。評点は下記の選択肢を選び、点数を合計する。
【項目1】居間と寝室それぞれの結露の発生箇所：なし=0点、開口部・外気に面する扉などに発生=1点、開口部・外気に面する扉など以外で1カ所に発生=2点、開口部・外気に面する扉など以外で2カ所以上に発生=3点　【項目2】居間と寝室それぞれのガラス面の結露の程度：なし=0点、曇っている程度=1点、水滴が付着する程度=2点、水滴が流れる程度=3点　【項目3】居間と寝室それぞれのガラス面での結露の頻度：なし=0点、たまに発生=1点×0.75、ときどき発生=2点×0.75、頻繁に発生=3点×0.75、常に発生=4点×0.75　【項目4】浴室以外のカビの発生箇所：なし=0点、1カ所=1点、2カ所=2点、3カ所以上=3点　【項目5】カビ臭の発生箇所：なし=0点、浴室・洗面所・台所=1点、浴室・洗面所・台所以外で1カ所=2点、浴室・洗面所・台所以外で2カ所以上=3点
（資料：下も、日本建築学会「住宅のダンプネスのアンケートによる評価方法の提案と子供のアレルギー疾患に及ぼす影響に関する全国調査」）

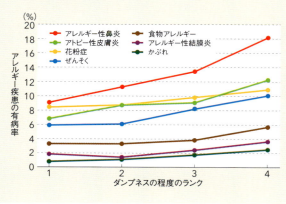

図2　ダンプネスの程度が高いと有病率が上がる

ダンプネスの程度と子どものアレルギー疾患との関係を示す。ダンプネスの程度が上がるほど、7つの疾患の有病率が高くなった

図3　浸水で健康状態が悪化

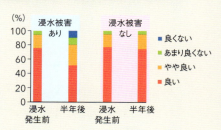

浸水した住宅の住民と浸水被害のなかった住宅の住民に健康状態を尋ねた結果
（資料：日本建築学会「浸水被害住宅における室内環境と居住者の健康影響」）

シックハウスを招くカビリスク

国立病院機構相模原病院臨床研究センター長　谷口正実 医師

　住宅で発生するカビによってアレルギーや健康障害を発症する患者が増えていることに危機感を募らせている。公的なデータはないものの、10年前と比べると、子どもだけでなく成人も明らかに増加傾向にある。

　カビはアレルギーの専門医にとって、最も難しくて手強いアレルゲンだ。ダニアレルギーによるぜんそくやスギ花粉症を治すのはそれほど大変ではないが、カビアレルギーを治すのはものすごく難儀する。

　カビのアレルギー患者が増えているのは、アレルギー体質の人の増加と関係している。アレルギー体質の人は気道や鼻の粘膜のバリアーが破壊されて、アレルゲンが通過しやすくなり、連鎖反応を起こす恐れがある。

　そのため、ダニアレルギーやスギ花粉症の人がカビの多い環境に5年、10年単位で生活すると、カビアレルギーを併発するリスクが高まる。

　アレルギー体質ではない人でも、カビの多い環境にいると、せきが続く、胸が苦しい、風邪をひきやすいといった健康障害が増える。カビが刺激物質として作用するからだ。

　カビはシックハウス症候群を発症する原因にもなる。日本ではシックハウス症候群というと新しい建材や防虫剤が原因として挙がる。ところが、米国では以前からカビが原因物質として説明されてきた。

　非アレルギー型の健康障害が増えていることを知らない医者は多い。「病気ではなく思い込み」などと誤診してしまうケースは少なくない。

　シックハウス症候群は薬が効かないうえ、カビに対する感受性を高めるので、自分の家に住めなくなる人を増やしてしまう。

防湿シート未施工でカビ汚染

　大手住宅メーカーが神奈川県に建築した築3～4年の住宅で、カビによってシックハウス症候群を発症した家族を最近診察した。家でまともに暮らせない状態なので、住宅メーカーを訴える裁判を起こしている。

　住宅は田んぼを埋め立てた湿気の高い場所で、地盤の防湿シートを設けずに施工していた。そのため、土が露出した布基礎の床下にカビが大量に発生。24時間換気が床下の強いカビ臭を居室に引っ張っていた。

　静岡県熱海市にある木造住宅に住む60歳代の女性は、入居から10年目にスエヒロタケによるアレルギー性気管支肺真菌症を発症した。

　住宅を調べてみると、壁体内からスエヒロタケの菌糸が検出された。住宅会社が断熱材の施工を忘れ、頻繁に結露が発生していたために、スエヒロタケが壁内や床で増殖していたのだ。

　アレルギー性気管支肺真菌症は、スエヒロタケのほかにアスペルギルス・フミガタスというカビでも発症する。押し入れや、タンスの裏、湿気の多いほこりの中などに生息する。

　紹介した事例のように、カビが発生するトラブルを抱えている住宅で、健康障害が発症しないのは、運がいいだけだと考えた方がいい。近年、アレルゲンに敏感な人が増えている。住宅会社はそうした実情を意識して、カビが発生しない家づくりに取り組んでほしい。（談）

1956年生まれ、浜松医科大学卒業。静岡県藤枝市立病院呼吸器内科医長、米国バンダービルト大学肺研究センター研究員などを経て、2014年に国立病院機構相模原病院臨床研究センター長に就任。アレルギー疾患対策基本法における中心拠点病院で、臨床とアレルギー学の臨床研究、医師の育成を行う（写真：日経ホームビルダー）

カビのトラブルと対処法

基礎知識
死なない相手を成長させない

カビを完全になくすことは難しい。カビと上手につき合うために、その生態、病気との関係、木材への影響などの知識を身に付けておきたい。

基礎知識1

生態
住宅内は栄養源だらけ

カビはキノコや酵母と同じ仲間の「真菌」に分類される微生物だ。細菌やウイルスの一種と思われがちだが、全く異なる分類になる。

カビは本来、土壌中に存在し、植物などに寄生している。成長すると胞子を空気中に飛ばし、建材や食品などあらゆるものに付着する。

胞子が着床した後の成長に必要なのは、適度な栄養、酸素、温度、水分だ。これらが整っていてはじめて、カビは成長する。空気があまり動かないことや、適度な環境が一定時間続くことも、胞子の着床や菌糸の成長に必要な要素だ（図1）。

胞子は3～10μm程度と微小で、肉眼で見えるカビは菌糸が増殖したものだ。「住宅に着床したカビが肉眼で見えるようになるには1～2週間かかる」とNPO法人（特定非営利活動法人）カビ相談センター（東京都大田区）の高鳥浩介理事長は話す。

カビは、人や動植物の老廃物、建材に含まれる有機物、プラスチック、ほこりなどあらゆるものを栄養源にする。そのため、住宅から栄養源を取り除くのは難しい。

カビの成長に適した湿度は、カビの種類で異なる。クロカビやススカビは90％以上なのに対し、カワキコウジカビは60～70％、アオカビやコウジカビはその中間になる（図2）。成長に適した温度もカビの種類で変わる。多くのカビは20～35℃で成長が進む。

成長する速度は、湿度と温度が関係する。湿度と温度が適切な条件だと速くなる。図3は環境生物学研究所で所長を務めていた阿部恵子氏が温湿度と成長速度の関係を分かりやすくまとめたものだ。

図1 適度な環境と時間が必要

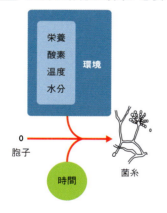

カビが胞子から発芽して、菌糸に成長するために必要な条件。環境生物学研究所の阿部恵子所長が作成した内容を基に作成した

図3 温湿度が成長速度を左右

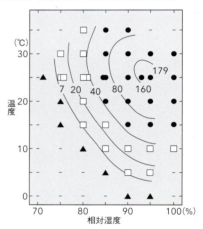

環境生物学研究所で所長を務めた阿部恵子氏が温湿度とカビの成長速度の関係をまとめたもの。図中の数字がカビ指数。成長速度が速いと大きくなる。湿度と温度が上がるほど成長速度が速くなる。カワキコウジカビの胞子で実験した。●は胞子が1日で発芽、□は2～7日で発芽、▲は8～30日で発芽を表す（資料：阿部 恵子）

図2 湿度60％で成長できるカビも

好湿性（相対湿度90％以上）	クロカビ（クラドスポリウム）、ススカビ（アルテルナリア）、クモノスカビ（リゾポス）、ケカビ（ムコール）、アカカビ（フザリウム）、トリコスポロン、ケタマカビ（ケトミウム）、ツチアオカビ（トリコデルマ）
耐乾性（80％以上）	アオカビ（ペニシリウム）、コウジカビ（アスペルギルス）
好乾性（60～70％台）	カワキコウジカビ（ユーロチウム）、アズキイロカビ（ワレミア）、コウジカビの一部、アオカビの一部

カビのタイプと成長に適する相対湿度をカビの種類で分類した（資料：日経ホームビルダー）

多くのカビが好む湿度93.6%、温度25%の環境に胞子を置いて、1週間で伸びた菌糸の長さを基準に作成している。成長が遅いほどカビ指数と呼ぶ指標が小さくなる。

カビは生存環境が悪化しても、短期間では死なない。成長を停止させているものの、適した環境になれば成長を再開する。「カビが寿命を迎えるまで成長できない環境を保てば絶滅する。菌糸が少しだけ残った場合の寿命は数十日、カビが増殖して大きくなった場合は数カ月に及ぶ」と高鳥理事長は話す。

基礎知識2

健康影響
アレルギーリスクが高い

カビが関係する病気は、アレルギー、感染症、カビ中毒の3つに大別できる。この中で、住宅のカビがきっかけで発症するリスクが一番高いのはアレルギーだ（**図4**）。

特定のカビアレルギー疾患の代表例は、アスペルギルス・フミガタス（フミガタス）が原因で発症する「アレルギー性気管支肺アスペルギルス症」だ。フミガタスは湿度の高いほこりなどに存在する。コウジカビの仲間のなかで最も危険とされるカビだ。

ほかにも、トリコスポロンが引き起こす「夏型過敏性肺炎」（102ページの事例1参照）がある。トリコスポロンはエアコンや加湿器の中など、高湿度を好むカビだ。

このほか、もともとアレルギー疾患を持っていた人がカビにも反応するようになるケースや、アレルギー体質ではなかった人がカビでシックハウス症候群を発症するケースも増えている。

カビが原因で発症する感染症は、日和見感染が多い。日和見感染とは、抵抗力が低下したために、通常であれば病原性を示さないカビで感染する病気だ。抵抗力の落ちた人が在宅療養している場合に注意を要する。

カビ中毒は、カビが付着してつくり出すカビ毒（マイコトキシン）を食べたり吸引したりして発症する。ハリケーンに襲われた米国の被災地や東日本大震災の被災地では、木や紙に付着して強いカビ毒を生み出すスタキボトリスが、浸水した建物で見つかった。

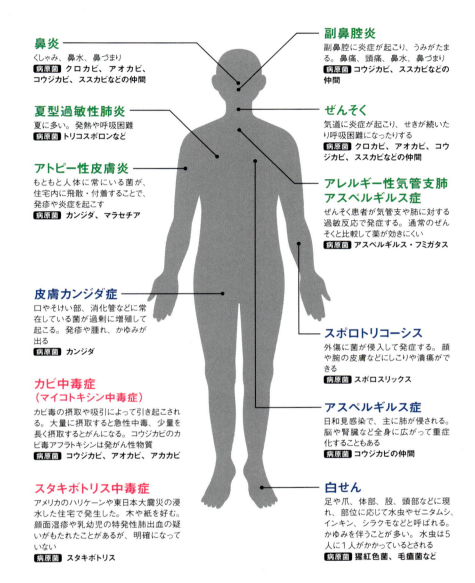

図4　カビが引き起こす病気
カビが関係する病気は、アレルギー、感染症、カビ中毒の3つに大別される
（資料：カビ情報センターの資料に日経ホームビルダーが加筆）

基礎知識3
室内規準
学会が濃度にしきい値

日本には、室内環境のカビ濃度を規制する公的基準は存在しない。日本建築学会が定めた学会規準があるだけだ。

同学会は、住宅について2つの規準を定めている。1つは「室内のカビ濃度を1000cfu/m³以下にする」というもの。もう1つは「濃度が1000cfu/m³以上の場合は屋外濃度に対する室内濃度の比率を2以下にする」という規準だ（図5）。濃度の単位に使われているcfuとはコロニーフォーミングユニットの略で、コロニーを形成する菌糸の数を示す。

規準値の作成に携わった工学院大学の柳宇教授は次のように説明する。「住宅では通常、室内よりも屋外にカビが多いので、屋外の濃度との比率を追加した。1000cfu/m³を超える住宅と子どものアレルギー疾患率に相関があるという国内の調査結果などを根拠にしている」

宮城学院女子大学の本間義規教授によると、居室のカビ濃度は100〜1000cfu/m³の範囲に収まる場合が一般的だ。こうした実情を踏まえると、学会の規準値を達成するのはそれほど難しくなさそうだ。

日本建築学会では事務所空間のカビ濃度について、50cfu/m³とする規準を定める。空調設備がカビで汚染されていなければ、容易に達成できるレベルだという。

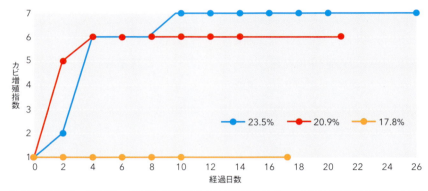

図5 室内のカビ濃度は1000cfu/m³以下

日本建築学会が定める室内浮遊真菌濃度規準（単位はcfu/m³）	住宅	維持管理規準は1000以下、ただし、1000以上の場合は屋外濃度に対する室内濃度の比が2以下
	事務所	維持管理規準は50以下、設計規準は20以下
	学校	維持管理規準、設計規準とも2000以下

日本建築学会が建物の用途ごとに作成した室内環境に浮遊するカビの濃度規準（資料：日本建築学会）

図6 含水率20％超えでは増殖

含水率を23.5％、20.9％、17.8％の状態にしたスギの試験体で、コウジカビが成長する様子をカビ増殖指数で示す。1は顕微鏡にて菌糸が確認されない、2は顕微鏡にて菌糸が確認できる、5は顕微鏡にて胞子の色付きを確認できる、6は顕微鏡にて色付きの胞子の増殖を確認できる、7は顕微鏡にて色付きの胞子が旺盛に増殖して成長
（資料：日本建築学会「カビ増殖特性に与える木材の含水率の影響に関する検討」）

基礎知識4
木材への影響
含水率18％で成長抑制

木材にカビが発生するのは、木材から水や栄養分を得られるからだ。工学院大学の柳教授は、木材の含水率をどの程度にすればカビが生えなくなるのかを実験した。

実験は含水率を23.5％、20.9％、17.8％の状態にしたスギの木口に、カビの胞子を塗布して観察する方法で進めた。カビは住宅に多く生息するクロカビ、コウジカビ、アオカビの3種類を使用した。

含水率が17.8％の試験体では、いずれのカビも成長を確認できなかった。一方、含水率が23.5％と20.9％の試験体は、全てのカビが増殖した。なかでもコウジカビを塗布した試験体は成長が早く、実験開始の2日目に菌糸が確認された（図6）。

柳教授は「木材の含水率を18％以下にすればカビは成長しないと分かった。18％まで下げるのが困難な場合でも、20％前後に下げる方がいい」と勧める。

カビが木材に増殖した場合に懸念されるのが、木材の強度や耐久性への影響だ。「どのカビにもキノコのように木材の強度や耐久性を低下させる働きはない。ただ、木材を好むケタマカビとツチアオカビは表面にあるセルロースを分解するので、表面を荒らす恐れがある」と高鳥理事長は話す。

カビのトラブルと対処法

効果的な防止策
施工と建材の両面から攻める

高断熱・高気密住宅は躯体に少しでも湿気が入ると抜けにくくなり、カビが発生する恐れがある。カビ防止を意識した家づくりと、カビが生えた場合の対処法を紹介する。

防止策 1

基礎断熱の乾燥
1階の下地合板は後から

基礎断熱の床下にあるコンクリートと土台は、完成当初は乾き切っていない。湿気を出してカビを招くリスクがある。大引きの上に床下地合板をじかに張る根太レス工法は、乾きにくい構造でより危険だ。

高断熱・高気密住宅のカビ対策に詳しい住まい環境プランニング（盛岡市）は、次のような工夫でこの問題に対処している

まずは、工事中にコンクリートと土台の乾燥を促すために、2階の根太レス合板を1階よりも先に設置する。1階の根太レス合板を施工する際も、床下を完全に塞がず、四隅にスリットを設けた仮施工とする（**写真1**）。さらに、湿度の高い梅雨や夏などは床下で除湿器や送風機を運転する。

入居後もしばらくの間は、床下の換気を続ける。床下へ配管した排気ダクトから、床下の湿った空気を排気する方法だ。

このほか、基礎が完成してから壁の透湿防水シートの施工を終えるまで、ブルーシートで覆った状態を保つことも特徴的だ（**写真2**）。工事中に突然雨が降っても、躯体と断熱材をぬらさない。「高断熱・高気密住宅は躯体をぬらしてしまうと乾燥がとにかく大変だ。ブルーシートは断固として外さない。昼でも投光器をつけて作業する」と同社の古川繁宏代表は話している。

防止策 2

カビの再発防止
高温蒸気で殺菌

カビが発生した箇所は、カビを殺して乾燥させたうえで、少なくともカビが成長しにくい湿度70％以下にする必要がある。雨漏りなどでぬれた箇所も、しばらくするとカビが生える可能性が高いので同様だ。

カビに効く殺菌剤は、次亜塩素酸ナトリウム、塩素系漂白剤、消毒用アルコール、逆性せっけんなどだ。

写真1
1階の根太レス合板はスリットで換気
住まい環境プランニングは1階の床下の乾燥を工事中から促すため、根太レス合板で完全に床下を塞がず、四隅にスリットを設ける。フローリングを張る段階で、スリットを設けた部分に合板を本施工する
（写真：右も住まい環境プランニング）

写真2
ブルーシートで養生しながら作業する
住まい環境プランニングは基礎が完成してから壁の透湿防水シートの施工を終えるまで、養生をしたまま工事を続ける

写真3
スチームでカビを除去
風組関東が豪雨で浸水した住宅で、業務用のスチームクリーナーを使用してカビを殺す作業を行っている様子（写真：小林 直樹）

NPO法人（特定非営利活動法人）カビ情報センターの高鳥浩介理事長は、「浸水被害の際の消毒薬と同じものが使える」と話す。

カビは高温でも死ぬので、高温の蒸気が出るスチームクリーナーも殺菌に使える。浸水した住宅のカビ防除にボランティアで取り組む風組関東の小林直樹代表は、「病弱な人やアレルギー体質の人などがいて、薬剤を使用できない場合に威力を発揮する」と説明する（**写真3**）。

カビの発生箇所を急いで乾燥させる方法として、防カビ工事会社のプレモが利用するのはジェットヒーターだ。作業空間が狭い場合はヒートガンで代用する。

防止策3

建材の対応
防カビ材を壁内に塗布

住宅会社のKOYO（神奈川県厚木市）は、壁内のカビリスクを減らす工法の開発に取り組む。進めているのは、構造用面材に張ったウール系断熱材と石こうボードの間に防カビ材を塗布する仕様だ。一定期間カビが成長しないことを、第三者試験機関で2018年7月に確認した。

「既存住宅の壁を剥がすと、壁内にほぼカビが発生している。対策なしに高断熱・高気密住宅をつくると、将来大変なカビ問題を抱える」とKOYOの長澤宗憲代表は警告する。

同社はこのほかにも、「仕上げ材に防カビ材を塗布する」「ぬれても乾きやすい床断熱材を使う」といった仕様を、標準で取り入れている（**写真4**）。

大和ハウス工業は断熱性能の低い新省エネ基準の住宅で、カビが発生しやすい宮崎県の気象条件を用いてシミュレーションを行い、全ての居室で夏も冬もカビが成長しにくくなる方法を見つけた。

厚さ6mmのスギ板材を玄関と階段室の壁および天井にそれぞれ張り、夏は全ての居室の扉を開ける。冬は居室を使っていない時間は扉を開ける（**図1**）。スギ板材を張らず、ドアを閉める以外は同じ条件にすると、カビの発生する環境になる。

大和ハウス工業総合技術研究所の今仲雅之研究員は「木材の調湿性能が効果を発揮した。できるだけ狭い面積で効果を出す方法を、引き続き探し出す」と意気込む。

写真4 カビ対策を意識した建材

左は、KOYOが室内の仕上げ材に抗菌材を塗布している様子。防カビ材はエコロテックスのプラチナコーティングを使用する。プラチナと銀、光触媒、無光触媒を組み合わせたものだ。右は、KOYOが床断熱材に採用しているコスモプロジェクトのパワードライ。中空ポリエステルを材料に使用しているので、水や湿気を含んでも乾きやすい特徴を備える
（写真：左はKOYO、右はコスモプロジェクト）

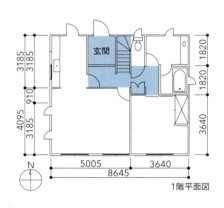
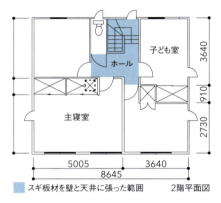

スギ板材を壁と天井に張った範囲

図1
スギ板材の吸放湿効果で湿度を下げる

上はシミュレーションで使用した間取り。左は冬季のシミュレーション結果。カビ指数が10だと胞子の発芽に5日かかる。カビ指数10以下はカビの成長が遅い環境（資料：大和ハウス工業の資料を基に日経ホームビルダーが作成）

第4章
危ない隙間と対処法

危ない隙間と対処法

壁内・天井・床下・基礎・窓
結露防止で注意すべき3層

高断熱住宅では内外温度差が大きいので、内部結露を防ぐために断熱層、防湿層、気密層を連続させる必要がある。だが、不適切な施工で隙間が生じてしまう事例は少なくない。

事例1

防湿層
袋入り断熱材の防湿シートの不連続

防湿シートでくるんだ袋入り断熱材による充填断熱の施工不良。施工が雑で、間柱や内胴縁、配線とぶつかる部分に多数の隙間ができている。本来は袋の「耳」を柱の見付け面に留め付け、防湿シートにやむなく生じた隙間は気密テープで補修する
（写真：このページは住まい環境プランニング）

事例2

断熱層
配管回りの断熱欠損

配管回りの処理が不適切で、断熱性能と気密性能を低下させている。配管が壁を貫通するので、貫通部分の隙間を気密テープで塞ぐ処理も必要になる。「配管を壁の内側や外側に設置すれば断熱・気密欠損を小さくでき、貫通部分も減らせる」と住まい環境プランニングの古川氏は話す

事例3

防湿層
間仕切り壁の後張りシートに切れ目

間仕切り壁の上部を天井から見たところ。後から張った防湿シートが間柱の位置で切れている。間柱と防湿テープの隙間に気密テープを張っていたが、テープとの間にも隙間が空いていた。間仕切り壁の上部はこのように防湿シートを張りにくいので、先張りしておくのが確実だ

これから示す16枚の写真は、壁内や床下、小屋裏などの普段見えない場所で、結露が発生するリスクを抱えた施工不良の例だ。既に結露している住宅もある。

高断熱住宅で内部結露を防ぐ原則は、断熱層、防湿層、気密層をそれぞれ隙間なく連続させることだ（次ページ下の図）。

断熱材が部分的に薄かったり入っていなかったりすると、冬季にその部分が冷える。基礎の外周部や窓回り、配管の貫通部などに気密漏れがあると、外から冷気が入り込んで壁内が冷える。そうした箇所に室内側の隙間から入った高湿な空気が触れると、水蒸気として存在できなくなり結露に至る。

東洋大学の土屋喬雄名誉教授の計算によると、120m²の壁に直径36mmの穴（透湿抵抗は5m²h mmHg/g程度）が開いているだけで、1日当たり926ミリリットルの水分が壁に入る（温度と湿度は室内が20℃、60%、室外が0℃、80%の場合）。通気で水蒸気をある程度外に逃がせるとはいえ、通気に不具合が生じたり入る量が多かったりすると、壁内にたまる。

防湿層の扱い方は断熱材の種類で変わる。繊維系は水蒸気を通しやすいので、防湿シートを連続させる。

事例 4

断熱層 壁用の断熱材を床に使う

1階の床の断熱施工に、誤って壁・天井用断熱材（袋入りの10kg/m²タイプ）を使用していた。断熱材が垂れるのを防ぐ目的で張ったシナベニヤがカビで黒ずんでいる。床の断熱材は湿気が抜けるように処理しなければならないのに、防湿シートとシナベニヤで湿気を閉じ込めていた（写真：カノム）

事例 5

気密層 下地板なしで気密テープを張る

ボード状の断熱材の継ぎ目に下地なしで気密テープを張ったため、密着性が不十分で剥がれやすくなっている。断熱材の外側に合板などを張っておけば施工しやすい。筋交い回りは狭くて施工しにくいので気密漏れを起こしやすい（写真：住まい環境プランニング）

事例 6

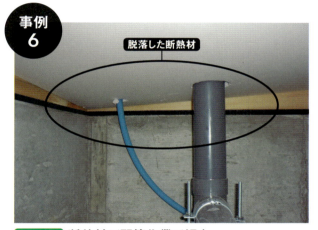

断熱層 断熱材が配管作業で傾く

1階床に敷いたプラスチック系ボード断熱材が傾いて、断熱・気密欠損が生じている。断熱工事後に入った設備工事の職人が配管を強く引いたため、断熱材が取り付け金具から脱落した（写真：福田温熱空調）

事例 7

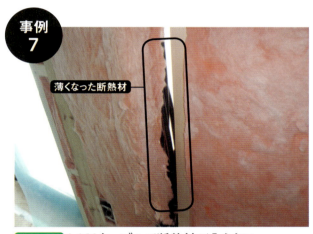

断熱層 LANケーブルで断熱材が入らない

断熱層の内部のLANケーブル付近が断熱欠損している。壁を厚くして断熱材を納めるか、断熱材のない間仕切り壁に配線する必要がある（写真：住まい環境プランニング）

防湿シートは気密層の一部を兼ねる。水蒸気を通しにくいプラスチック系は防湿シートが不要だが、断熱材の継ぎ目などに気密テープを張って隙間ができないようにする。

調湿機能を持つ断熱材を使う場合は通常、防湿シートを張らないので、断熱層と気密層の連続性が重要になる。住まい環境プランニング（岩手県盛岡市）の古川繁宏代表は、「大量の水蒸気が壁内に入ると結露しやすくなる。ほかの断熱材を使用するとき

●内部結露を防ぐ大事な3要素

①断熱層
②防湿層
③気密層

断熱層、防湿層、気密層を連続させる。そのために気流止めを使用することもある

●内部結露が発生するメカニズム

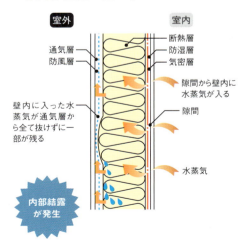

室外　室内
通気層　断熱層
防風層　防湿層
　　　　気密層
壁内に入った水蒸気が通気層から全て抜けずに一部が残る
隙間から壁内に水蒸気が入る
隙間
水蒸気

内部結露が発生

事例8

[断熱層] 基礎と土台の間が断熱欠損

完成後間もない寒冷地の基礎断熱の床下で、土台と基礎に張った気密テープが冬に結露した。気密パッキンを使っていたが、基礎の不陸から漏気したため気密テープを後から張っていた。住まい環境プランニングの昆寛氏は「テープで漏気は塞げるが、断熱欠損は解決できない。ウレタンなどの断熱も必要」と話す（写真：住まい環境プランニング）

事例9

[気密層] 高湿度の床下が冷える

基礎断熱を採用した温暖地の住宅で、完成後間もない冬季に、床合板の下面と土台にカビと結露が大量に発生した。カノムの長井氏は、「基礎のコンクリートからは打設後半年程度の期間、多くの水蒸気が発散する。その水蒸気で湿度が高くなっていた床下が、基礎部の漏気と断熱材の密着不良で冷えた。換気されていなかった影響もある」と話す（写真：カノム）

事例10

[断熱層] 細部の断熱を忘れる

サッシと窓台やまぐさとの間に生じるわずかな隙間の断熱を忘れていた。窓回りはわずかな温度変化で結露しやすいので、アルミサッシはもちろん樹脂サッシでも注意が必要（写真：マルフジフォーム工業）

福田温熱空調の福田氏が実施する気密測定の様子。完成後の測定が原則だが、完成後に結果が悪くても工事のやり直しができないので、断熱、防湿、気密、配管工事が終わった後の中間検査時にも測定している（写真：福田温熱空調）

事例11

[気密層] ぬれた構造材を密閉

完成後間もない住宅の床下。床材が黒くなり、床合板の下面と根太にカビと結露が発生している。工事中に雨でぬれた構造材に断熱材と防湿シートを施工したのが原因だ。構造材の含水率を確認してから施工すべきだった（写真：カノム）

断熱等性能等級3、4が定める防湿層を省略できる仕様

1. 透湿抵抗の高い断熱材を使う
2. 透湿抵抗の低い断熱材を使う場合は、断熱層を単一の材料で均質に施工し、透湿抵抗比を一定以上にする
3. コンクリート躯体または土塗り壁の外側に断熱層がある
4. 床断熱で断熱材下側が床下に露出する、または湿気の排出を妨げない構成となっている

よりも壁内を冷やさないような注意が必要だ」と話す。

16枚の施工不良の写真が示すように、3つの層の連続性を施工現場で実現するのは案外難しい。結露を防ぐ方法を施工者が正しく理解していない、施工方法が煩雑、専門工事会社に任せ切りできちんと管理していない——など、原因は多岐にわたる。

最近では標準的な施工マニュアルが公開されており、それと照らし合わせれば専門家でなくても現場をチェックできる。第三者検査を手掛けるカノム（名古屋市）の長井良至代表は、「マニュアルと少しでも違っていると建

事例12

[気密層] **通気パッキンと気密パッキンを間違える**

浴室の床下を基礎断熱にするのに、基礎に通気パッキンを設置していた。床断熱にする隣室の床下との間の人通口を塞ぐことも忘れていた。「パッキンの間違いはよくあるので注意してほしい」と福田温熱空調の福田氏（写真：福田温熱空調）

事例13

[気密層] **気流止めがない**

断熱構造のユニットバスと壁の間に気流止めがない。床下の空気が壁内に入り込むと結露する恐れがある。断熱等性能等級4では、気流止めを設けるか、浴室の床下を基礎断熱にするよう求めている（写真：福田温熱空調）

事例14

[断熱層] **断熱材の厚さ不足**

図面には天井に厚さ16cmで硬質の現場発泡ウレタンフォームを吹き付けるよう記してあったが、7.5cmしか吹き付けていなかった。カノムの長井氏は「壁と違って天井は目視では厚さが分かりにくいので計測した方がいい」と話す（写真：カノム）

事例15

[断熱層] **発泡ウレタンが水浸し**

基礎の立ち上がりと耐圧板の一部に吹き付けていた現場発泡ウレタンフォーム（硬質A種3）が、たっぷり結露水を吸い込んでいる。断熱していないコンクリート部分から発散した水蒸気が、基礎を貫通する配管からの漏気などで冷やされて結露し、それを断熱材が吸収していた。「現場発泡ウレタンを使うなら透湿抵抗の高い硬質A種1または2を基礎全面に吹き付けるのが安全。基礎断熱はプラスチック系ボードの方が手軽だ」と昆氏は話す（写真：住まい環境プランニング）

て主は不信感を募らせる。勉強不足は許されない」とくぎを刺す。

施工精度を確認する方法に気密測定がある。福田温熱空調（石川県白山市）の福田重顕代表は、「きちんと施工したつもりでも、気づかない隙間はあるもの。気密測定でそれが発見できる。最近は建て主が気密測定を求めたり立ち会ったりするケースが増えている」と話す。

施工方法の合理化は、施工不良の防止に役立つ。住宅性能表示制度の断熱等性能等級には、透湿抵抗の高い断熱材を使うなど防湿層が省ける仕様がある（左ページ下）。

事例16

[断熱層] **セルロースファイバーの充填不足**

雨漏りの原因をサーモグラフィーで調べていたところ、壁に吹き込んだセルロースファイバーの断熱層に欠損箇所が多数見つかった。仕上げ材の石こうボードを剥がすと、セルロースファイバーを吹き込む前に張るべきシートがなく、密度が不足していた。壁クロスを張る職人が施工していた（写真：カノム）

危ない隙間と対処法

グラスウール・セルローズファイバー
「ボード気密」で省力化

充填断熱の基本である防湿気密工法で重要な役割を果たす防湿シート。
この部分の施工手間を軽減できる方法を知れば、適切な施工を進めやすくなる。

気密

躯体に気密パッキンを先張りして気密を確保する右図のAの方法。土台や柱などの芯に合わせて気密パッキンを張り、その上に合板を張り込んでいる

● 「ボード気密」の方法

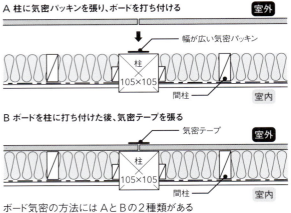

A 柱に気密パッキンを張り、ボードを打ち付ける
幅が広い気密パッキン
柱 105×105
間柱
室外／室内

B ボードを柱に打ち付けた後、気密テープを張る
気密テープ
柱 105×105
間柱
室外／室内

ボード気密の方法にはAとBの2種類がある

● 壁と屋根や床の取り合い部の概要

外周部を全て面材耐力壁として、面材同士の継ぎ目と、面材と土台、面材と梁の合わせ目をパッキンやテープで塞いで気密性を確保する。これによって相当隙間面積 $1.0cm^2/m^2$ が可能

- 合板よりも透湿抵抗の低い面材を用いると結露に対して安全側に働く。OSBは透湿抵抗が高いものが一部にあるので、カタログなどのデータを確認する
- 合板と柱の接合部はパッキンまたは気密テープで確実に気密性を確保

通気スペーサー
防湿シート(ポリエチレンシート)
先張り防湿シートW600(ポリエチレンシート)
室内の暖かい空気と水蒸気(微量)
合板気密パッキン
シート受け
構造用合板
透湿防水シート
外壁側に透湿するように透湿抵抗を設計する
袋入りグラスウール
防湿シート(グラスウール付属)
防湿層が切れているので水蒸気を含む室内の温かい空気が壁内にわずかに入り込む恐れがあるが、通気層に抜けて結露には至らない量と言われている
シート受け
土台水切り
1FL
土台上端
空気の流れ
土台気密ゴム
CFモルタル塗り
押し出し法ポリスチレンフォーム3種b t=50

(写真・資料:次ページも西方設計)

充填断熱の基本となる防湿気密工法では、建物の内側に張る防湿シートが防湿と気密の役割を果たす。シートを連続させて機能を確保するには、先張り(断熱材の充填前に防湿シートを一部張っておく方法)が必要になる。しかし、その手間は敬遠されがちだ。温暖地では防湿シートの袋入りグラスウールの端部を軸組みに留めて防湿と気密を兼ねる工法が一般的だ。施工は楽だが気密性には限界がある。

秋田県能代市にある西方設計の西方里見社長は、「面材耐力壁で気密を確保すれば袋入りグラスウールでも高性能化を図れる」と言う。

外周部の耐力壁に面材を用い、面材同士の継ぎ目や面材と軸組みとの取り合い部に気密パッキンや気密

● 袋入りグラスウールの施工方法

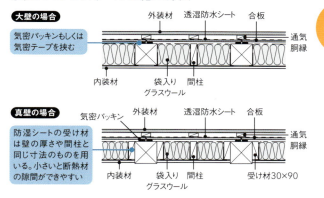

防湿

外側の耐力壁に面材を張って気密性を確保し、内側に防湿層として袋入りグラスウールを施工した例。外周部が面材耐力壁なので、グラスウールの袋をカットして納める部分は少なく、充填性が高い。気密性も確保しやすい

断熱

桁上断熱の合板を施工したところ（上）。西方氏は、桁上断熱で安価に厚みを確保できる吹き込み断熱材を用いることが多い

● 桁上断熱工法の断面詳細図

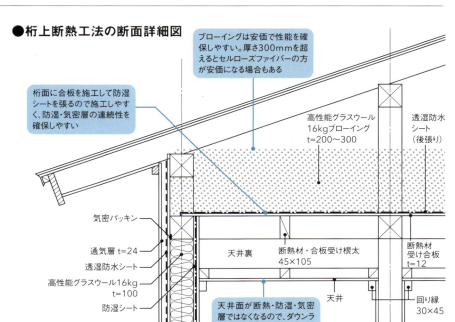

テープを使う方法だ。ここが気密層になる。

防湿性を担う袋入りグラスウールは、確実に施工しても床と壁の取り合い部などに隙間が残り、室内の水蒸気が壁内に少し入る恐れがある。ただ、室内側の防湿シートよりも透湿抵抗（水蒸気の通しにくさ）が低い面材を通気層側に使えば、壁内の水蒸気は通気層側に常に移動する。

「袋入りのグラスウールの場合、面材の透湿抵抗が合板の値ぐらいであれば、壁内が結露することはまれだ。透湿抵抗が非常に高い一部のOSBを面材に使うと、水蒸気が抜けにくくなり、結露のリスクが高くなる」。こう西方社長は話す。事前にカタログなどで値を確認しておくことが必要だ。

西方社長によれば、気密パッキンと気密テープで得られる気密性は同等で、施工性はテープの方がよい。テープは一般的なアクリル系の製品から接着力の高いものを選定する。

気密層と防湿層を分けることで、設計に自由度が生まれる。「セルローズファイバーなどの吸放出性のある断熱材は、透湿抵抗の低い面材を使えば、温暖地で防湿シートを省ける場合もある」（西方社長）

面材の外側に断熱材を追加して付加断熱にすることも可能だ。

求められる施工水準の面で、この工法と相性がいいのが上図の桁上断熱工法だ。桁上に合板を張り、その上に防湿シートを張って気密性と防湿性を確保する。先張りシートや間仕切り部分の気流止めが不要で、電気配線や照明などの貫通部の気密対策を省略できるのがメリットだ。

危ない隙間と対処法

グラスウール
高気密の防湿は先張りで

C値の小さい高気密の施工を合理的に進めるためのアイデアがある。
部材の取り合い部に先行して防湿シートを張る方法だ。

防湿

先張りシート

左は、棟木に先張り防湿シートをタッカーとステープルで留めた後、垂木を取り付ける様子。防湿シートが風に舞って作業しにくい場合は、ひもやテープなどで棟木に仮留めしておく。右は、防湿シートを先張りした胴差に、防湿シートが切れないよう梁を傾かせながらゆっくり落とし込む様子
（写真・資料：次ページも住まい環境プランニング）

地上で桁の先張り作業を行っている様子。プレカット会社が取り付けた接合金物をいったん外し、防湿シートで桁をくるんだ後に、再び金物を設置する

一般的な防湿シートの後張り施工の例。垂木の周囲は1カ所ごとに防湿シートを切り、気密テープで塞ぐ。垂木の間は手探りで行うこともある。先張りならこの作業はなくなる

　山井建設（岩手県滝沢市）は、付加断熱でコストを抑えるためにグラスウールを採用し始めてから、防湿シートの「先張り」を実践している。断熱材の施工前に、部材の取り合い部分だけ先に防湿シートを張るのが先張りだ。

　当初は防湿シートにくるまった袋入りのグラスウールを検討したが、相当隙間面積（C値）1.0cm²/m²未満の気密性能を確保するには先張りの方が合理的だと判断した。「袋入りでもわざわざ袋から出して施工するなど、面倒な作業が発生する。大工が正しく丁寧に施工するよう管理するのは、袋入りの方が大変だ」と山井正人社長は話す。

　山井建設に高性能な省エネ住宅のノウハウを伝えているのは、住まい環境プランニング（岩手県盛岡市）だ。同社は先張りすると後の作業がスムーズになる取り合い部分を図面に示して大工に教える。

　「大工は1棟こなせば大体覚える。袋入りでC値1.0以下にするのは大変で、延べ40坪に10人工は掛かる。先張りすると建て方中の作業は約1人工増える。だが、残りの作業は袋入りを採用する場合の3～4割で済む」と、住まい環境プランニングの昆寛氏は語る。

　断熱と防湿施工を軽減するため、屋根垂木を38×235mm角のツーバイテン材として、屋根断熱にしている点もポイントだ。厚さ120mmのグラスウールが2枚重ねでそのまま納まり、

断熱

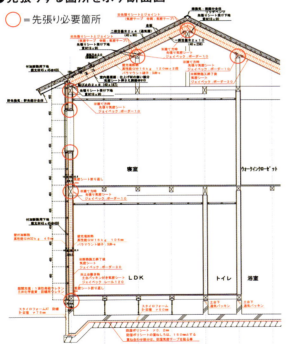

ツーバイテンの垂木間に、欠損なくきれいに納められた2枚重ねのグラスウール。棟の先張りシートと断熱材を覆う後張りシートの重ね代を約30cm取り、透明な気密テープで留める。全て後張りするより気密テープの使用量は大幅に減る。気密測定ではC値0.3cm²/m²を下回る

●先張りする箇所を示す断面図

気密

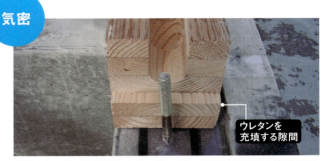

根太なし工法での基礎と土台の接合部。断熱材の天端を基礎よりも10mm高くして、土台との隙間に発泡ウレタンを充填して断熱欠損と隙間をなくす。基礎と土台の間はゴム付き気密シートだが、根太工法では先張り防湿シートを追加する

●根太なし工法の基礎・土台回り詳細図

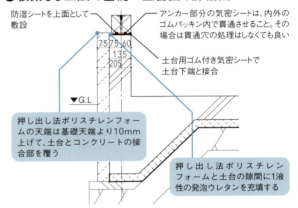

●開口部の縦断面図

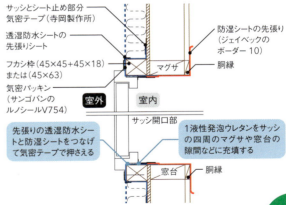

防湿シートですっぽり覆うことができる。グラスールで天井断熱を施工する際に生じる面倒な小屋束の気密処理が省ける。

窓と土台回りの仕様にも、住まい環境プランニングが長年の経験で編み出した内部結露を防ぐ工夫が多数盛り込まれている。

防湿　　　　　　　　　断熱

窓回りの隙間をなくすため、サッシの下で透湿防水シートと防湿シートを重ねて気密テープで押さえ（左）、サッシ回りと枠の間を1液性発泡ウレタンで充填する（右）

夏型結露を防ぐ防湿シート

夏季に、壁内の湿った空気が室内の冷房で冷やされて結露する——。「夏型結露」の一例だ。結露水が日中に蒸発する程度ならそれほど問題にならないが、常に水がたまっている状態だと木材が腐ったり壁内にカビが発生したりする恐れがある。構造用合板を使い、防湿シートを張るケースでは、そのリスクが高まる。

水蒸気は、温度の高い所から低い所へ移動する性質がある。従って夏季には、水蒸気は屋外側から室内側へ移動しようとする。壁を構成する木材自体が含んでいる水分が日射で暖められて水蒸気になることもある。壁内の室内側に防湿シートを張る場合、これらの水蒸気はせき止められてシートの手前にとどまる。室内の冷房などによってその部分の温度が露点まで下がれば、水に変化してしまう。

こうした夏型結露の対策として注目を集めているのが、空気中の水分量によって透湿抵抗が変化する可変透湿シートだ。空気中の水分が少ない状況では一般的な防湿シートと同じように働き、水分が増えるにつれて透湿するようになる。

冬は防湿、夏は透湿

気温の低い冬季の空気は水分が少ないので、室内から外へ向かう水蒸気はシートを通過することができな

●透湿機能が変化する仕組み

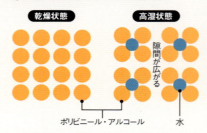

乾燥時は防湿性能を発揮し、湿度が高くなるとシートのポリビニール・アルコールと水が結合し、分子間の隙間が広がって透湿する
（資料：このページはデュポン）

い。反対に、夏季に外から室内へ向かう空気は水分が多いので、シートを通過する。結果として、冬季も夏季も壁内結露のリスクが低くなる。

日本では、デュポン（現在は旭・デュポンフラッシュスパンプロダクツ）のザバーンBF（2017年4月からタイベックマスターに製品を切り替え）や、エコ・トランスファー・ジャパンが扱うインテロなどの製品が販売されている。

「販売開始した10年以上前は引き合いが少なかった。高断熱・高気密化や長期優良住宅への対応で合板と防湿シートを使う住宅が増え、夏型結露が問題にされ始めてから、徐々に売れ出した」。デュポンビルディングイノベーション建材チームの船津桂課長は、こう話す。

このシートを使用する場合、室内の仕上げにビニールクロスなどの透湿抵抗の高い素材を用いると、シートの調湿性を生かせない。夏季に、シートを通過した水蒸気がクロスでせ

可変透湿シートは、一般的な防湿シートと同様に断熱材の室内側に隙間なく施工する。
（写真：上はエコ・トランスファー・ジャパン、下はデュポン）

●夏季の湿度の比較

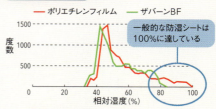

場所は群馬県高崎市。壁の構成は塗り壁、石こうボード9mm厚、防湿層、グラスウール40KHG75mm厚、合板9mm厚、透湿防水シート、通気層。測定箇所は1階西側の壁。温湿度は1分間隔で測定。可変透湿機能のあるザバーンBFは、湿度が高いときでも80%程度までに抑えている

き止められてしまうからだ。

一方、冬季は、換気扇を回さずに湯気が充満した洗面所で長時間ドライヤーを使わないなど、生活面での注意も必要だ。船津さんは「狭い空間が極度に高温多湿の状況になれば、室内から壁内に向けて透湿することもあり得る」と説明する。

土壁の吸湿性を用いて結露を防ぐ

吸湿性が高い土壁を利用して、壁内の結露を防ぐ方法もある。

住宅性能表示制度の断熱等性能等級の仕様には、「繊維系断熱材など透湿抵抗の小さい断熱材を用いる場合でも、土塗り壁の外側に断熱層があれば、防湿層を設けなくてもよい」と定められている。

土壁を積極的に採用しているトヨダヤスシ建築設計事務所（京都市）の豊田保之社長は、「土壁を用いるときは、防湿シートを施工しない仕様を基本としている。土壁が保湿してくれるので、壁内結露は起こりにくいと考えるからだ」と話す。

下の表は、豊田社長が設計した住宅を例に、結露発生の有無を計算で確かめた結果だ。壁内の各層の境界面温度が露点を下回れば結露が発生することになる。この住宅では、どの境界面の温度も露点を下回らなかった。

土壁の外側に張る面材は、施工時の土壁の湿気を逃がすために繊維板などの通気性があるボードを使うという。豊田社長は、「合板でも土壁が十分に乾いてから張れば内部結露は発生しないと思うが、密閉時の長期・短期のリスクは踏まえておく必要がある」と説明する。

左中段は、前述したのとは別の住宅で引き渡し後に絶対湿度（1m³当たりの水蒸気量）を実測した結果だ。居住者はこの日、鍋料理で来客をもてなしたという。グラフでは、午後6時以降に室内の湿度が跳ね上がったのに対して、土壁と断熱材の間の湿度はほとんど変化しなかった。

「土壁に吸湿性があることは確かだ。だが、安心しすぎることなく、きちんと結露の可能性を計算で確認する。そして、どこが結露しやすいのかを知っておくことが大事だ。外壁の構成についてだけではなく、そのほかの熱橋部分についてもチェックしてみるのがいい」（豊田社長）

●土壁を使った住宅の温湿度データ

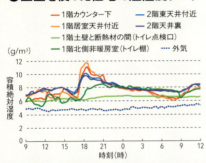

室内側から土壁を塗り、乾いた後に外側から断熱材を充填して繊維板を張る（写真・資料：このページはトヨダヤスシ建築設計事務所）

●壁の断面詳細

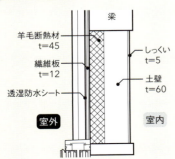

壁の仕様は、厚さ60mmの土壁の外側に厚さ45mmの羊毛断熱材を張り、その外側の面材に繊維板のシージングボードを用いている。計算の条件は冬季で、外気温が0.9℃、室温が10℃、湿度はいずれも70%

危ない隙間と対処法

ボード状プラスチック系断熱材
「真壁パネル」で精度を高める

気密性能を高める有効な方策の1つが、面材の使用だ。
ボード状プラスチック系断熱材と耐力壁を一体化すれば、その効果を高められる。

● MDFを用いた「真壁パネル」の概要

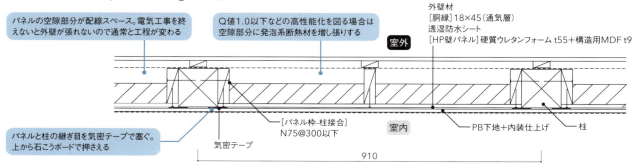

- パネルの空隙部分が配線スペース。電気工事を終えないと外壁が張れないので通常と工程が変わる
- Q値1.0以下などの高性能化を図る場合は空隙部分に発泡系断熱材を増し張りする
- 外壁材
- [胴縁]18×45(通気層)
- 透湿防水シート
- [HP壁パネル] 硬質ウレタンフォーム t55+構造用MDF t9
- パネルと柱の継ぎ目を気密テープで塞ぐ。上から石こうボードで押さえる
- 気密テープ
- [パネル枠-柱接合] N75@300以下
- 室外 / 室内
- PB下地+内装仕上げ
- 柱
- 910

(写真・資料:次ページまで特記以外は山口工務店)

 気密
 断熱

施工した断熱パネル。パネルのクリアランスは左右1mm、天地3mm(左)。パネルと軸組みの間の隙間に気密テープを張って気密性を確保する(中)。パネルは外壁側から枠材を介して柱に固定する(右)。壁倍率はMDFメーカーが真壁の納まりで認定を取得している値になる

　耐力壁を面材で構成すれば、比較的容易に気密性を高められる。ボード状プラスチック系の断熱材を使えば、防湿シートを張る作業を省ける。

　その両者を一体化した断熱パネルを多用するのが、新潟県阿賀野市の山口工務店の山口雅和取締役だ。「現場ではパネルを軸組みの間にはめ込んでくぎで固定し、軸組みとパネルの隙間を気密テープで塞ぐだけなので、作業にばらつきがなく管理しやすい」と説明する。

　山口取締役が使用しているのは面材にMDFを用いた「真壁パネル」だ(上の図参照)。「耐力壁が室内側にあるのでMDFやくぎが劣化しにくい。室内側からパネルを建て込めるので足場は不要で、天候にも左右されない」と山口取締役は真壁パネルのメリットを説明する。

　気密性を確保するもう一つのポイントはサッシと躯体の取り合い部の処理だ。「サッシに気密パッキンを先付けしておくと詰め忘れがない。位置調整も、躯体にパッキンを付けるよりも楽にできる」。山口取締役は管理のしやすさを強調する。

　山口取締役は、このパネルを使って主に壁を施工する。天井と屋根は、設計に合わせて断熱工法を選定している。

　「例えば、小屋裏を利用しない場合は天井に防湿シートを張ってグラスウールを敷くのが一番安価にできる」(山口取締役)。壁に比べれば、天井は下地材が不規則に入ることもなく、設備配管などとの取り合い部も少ないので、防湿シートの施工の管理は比較的容易にできるという。

図示した手順に従って気密テープの施工を確実に

参創ハウテック（東京都文京区）は、防湿性がある押し出し法ポリスチレンフォームによる外張り断熱工法を標準仕様としている。繊維系断熱材を使う充填断熱工法と異なり、防湿シートを張らなくてよいので比較的容易に断熱・防湿施工ができる。

この工法で気密性確保と防水のために重要になるのが、断熱材の気密テープ処理だ。大工が断熱材を施工する同社では、気密テープの施工ミスを防ぐために、図面上に手順を記したマニュアルを用意。右の図は、屋根と壁の取り合い部の例だ。一連の工程を説明しながら、テープを張る順番を図に示している。

同社の設計部門であるカサボン住環境設計の井田晋介氏は、ミスを防ぐ工夫を次のように説明する。

「マニュアルを徹底するとともに、テープを張る理由を折に触れて大工に説明している。施工状況は随時、ホームページ上に写真を公開して確認できる。マニュアルにはないが新たに重要だと気づいた施工上の留意点が現場から上がってくれば、その都度マニュアルに付け加えている」

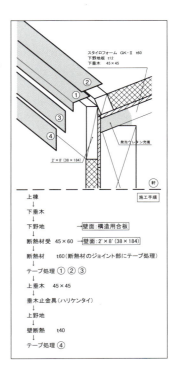

断熱材受けと屋根側の断熱材の接合部にテープを張り、その縁を覆うように補強。その後、壁の断熱材を張り、断熱材受けとの隙間をテープで塞ぐ（写真・資料：参創ハウテック）

真壁パネルに天井断熱を組み合わせた現場の例。壁に比べて施工性が高い。防湿シートを重ねる部分に野縁などの木下地がくるように注意する

●気密性を確保できる窓回りの納まり

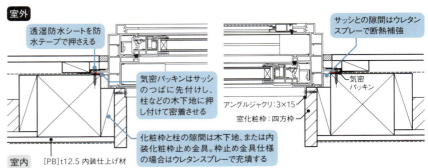

窓回りに用いている気密パッキン「リーチ15 窓用」（日本住環境）

サッシを躯体に取り付ける前に、くぎで留め付けるつば部分に気密パッキンを先付けしておく（左）。併せて透湿防水シートをサッシに巻き込んでおき、外壁を包む透湿防水シートと連続させる（右）

危ない隙間と対処法

現場発泡ウレタン
責任施工の利点を生かす

現場発泡ウレタンの採用が増えている。ただ、隅々まできちんと断熱材が施工されていなければ、性能の確保は難しい。下準備が肝要になる。

●通気を確保しやすい屋根断熱の仕様の例 (資料：次ページも取材を基に作成)

●通気層の確保の仕方

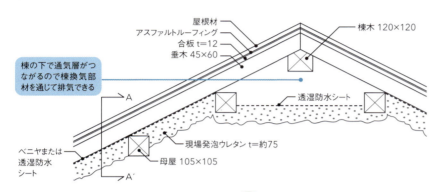
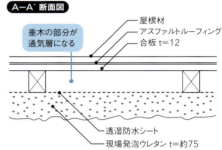

下地となる透湿防水シートにたるみがあると、ウレタンで押されて通気層が塞がれてしまうので注意する

屋根断熱の施工は通気層をいかに確保するかが重要になる。発泡材の圧力で通気層を塞いでしまわないような配慮が必要だ
（写真：次ページもマルフジフォーム工業）

責任施工で断熱・気密工事を完結できるという触れ込みで、現場発泡ウレタンの採用が増えている。広島県福山市の断熱工事会社、マルフジフォーム工業の藤井政則社長はそうした風潮に対して次のように警鐘を鳴らす。「軸組み内部に吹き付けたウレタンで断熱と気密を兼ねるのだが、隅々まで充填されないと性能を発揮できない。下準備と適切な工期の確保が必要だ」

下準備で大切なのは設備と躯体の取り合いだ。設備配管のスリーブは先に開けるが、電気設備の配線は後施工とする。電線を断熱材で被覆すると電線内に熱がこもり、トラブルの原因になる。

軸組み内部は筋交いや間柱、受け材が混在している。隙間なく充填するには丁寧な施工が必要だが、現実には次ページ下の写真のような施工不良が目立つ。「性能を確保するには延べ40坪程度で2〜3日の工期は必要だ。ところが、現場発泡ウレタンは価格競争が激しく、工期1日で請け負う会社も珍しくない」と藤井社長は話す。

気密性を十分に確保するには、窓や設備回りの細かい隙間も断熱材で充填する必要がある。スプレー缶タイプの現場発泡ウレタンなどを使うのが一般的だ。

ただし、この作業はどの工事に含まれるのかはっきりしない。工務店が実施する場合は現場の教育と管理が必要になる。「管理に手間を掛けずに性能を得るには、気密工事を含めて現場発泡の施工会社にきちんと頼むのがよい」と藤井社長。藤井社長の会社では、気密工事に加えて、2回の気密測定を実施し、性能を確認している。

このように断熱・気密性能を確実

● 天井断熱の仕様の例

透湿防水シートを梁の内側に巻き付けるように張って下地にする

天井を張る場合は吊り木を先に設けておく。断熱施工後は取り付けできない

天井断熱の例。天井懐の立ち上がり部分なども断熱し、欠損がなるべくないように施工する

● 充填方法の基本

間柱の際などウレタンが入りにくい隙間もしっかり充填する

外部貫通している金物を断熱補強する

下地と化粧枠の間なども補修用のウレタンなどでしっかり断熱する

設備配管のスリーブなどはあらかじめ開けておく

床断熱にポリスチレンフォームを用いる場合、間仕切り部の気流止めには現場発泡ウレタンを吹き付ける

ユニットバスを設置する部分の基礎の立ち上がりと耐圧板(左)、玄関土間の立ち上がりに現場発泡ウレタンを施工して基礎断熱としている(右)

に得るには費用がかさむ。そのため、工法面での工夫が重要になる。「床断熱はプラスチック系ボードを垂木間に充填し、気流止めだけ現場発泡を用いると安価になる。屋根断熱では垂木の下に吹き付ければ二重垂木や垂木のせいを大きくせずに通気層を確保できる」(藤井社長)

こうした配慮と工夫をすれば、現場発泡は高断熱住宅に経験の浅い工務店でも確実に性能を確保できる。

● よくない施工例

配線工事は断熱作業の後に取り掛かる方がよい。電線が断熱材で覆われていると、熱がこもりやすい(左)。吹き付け方がいい加減だと、間柱などの周囲に断熱材が十分に充填されないこともある(右)

危ない隙間と対処法

セルローズファイバー
吸放湿性を生かす気密

素材自体に吸放湿性能を期待できるセルローズファイバー。
この材料を断熱材に用いると、防湿シートの施工を省ける場合がある。

気密

透湿防水シートを横張りし、シート同士の継ぎ目に透明なアクリル系の気密テープを張っている（右）。気密性を十分に確保するためには、透湿防水シートと垂木の取り合い部の処理に工夫が必要だ（左）
（写真・資料：右ページまで特記以外はOKUTA）

●セルローズファイバーを採用する高断熱仕様の例

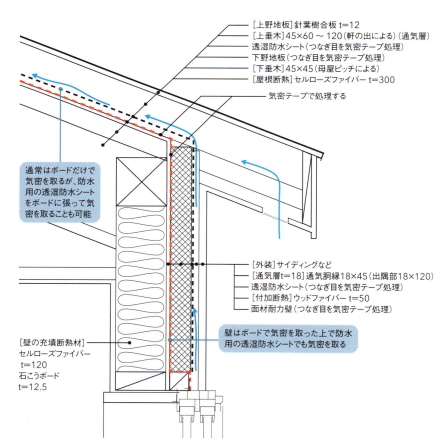

セルローズファイバーで防湿シートを省ける場合がある。その際、気密性は外側で確保することになる。面材耐力壁の場合はボード気密、筋交いの場合は透湿防水シートを使うのが基本だ。セルローズファイバーは専門工事会社が責任施工することが多い

　セルローズファイバーは素材自体が吸放湿性を持つ断熱材だ。温暖地では内壁側と外壁側を構成する部材の透湿抵抗比を確認した上で防湿シートを省ける場合がある。さいたま市にあるOKUTAは防湿シートを省略し、壁内の水蒸気が外壁側に透湿するように透湿抵抗が低い面材としてダイライトを採用している。

　OKUTAはセルローズファイバーの製造・施工を手掛ける。「自社で施工するのは品質のばらつきを防ぐため。壁内には間柱や窓台などの部材や設備部品があり、隙間なく充填するには丁寧な施工が必須だ」（同社の奥原由也取締役部長）

　セルローズファイバーで性能を確保するには密度が重要だ。通常は55kg/m^3だが、同社では65kg/m^3で施工する。密度は抜き取り検査で確認する。「セルローズファイバーは、繊維の隙間が詰まって沈下して壁の

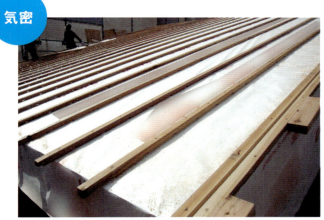

気密の連続性を重視した垂木の架け方。シートの上部に垂木を設けている（写真：西方設計）

面材同士の継ぎ目に気密テープを張っているところ。OKUTAの基本は面材による気密

セルローズファイバーを吹き込んでいる様子。室内側に不織布を張り、吹き込む穴を開けてから充填する。下は海外製のセルローズファイバー吹き込み機

セルローズファイバーの施工が終了した壁面。この後に石こうボードを張るので、吹き込み時は不織布がはらみ過ぎないよう注意する。スリーブ管はあらかじめ開けている

上部に空隙ができるのが弱点と言われるが、この密度で施工すれば問題ない。築4年の家を調査して確認した」（奥原取締役部長）

セルローズファイバーの施工は通常2人1組で行い、工期は延べ40坪程度の場合で4～5日。同社では作業効率の高い海外製の吹き込み機を使い、工期をそれよりも1日短縮している。「機械を2台使って3人体制で作業すれば工期は半分程度になる」（奥原取締役部長）。

気密性を高める方法の1つとして、同社が西方設計（秋田県能代市）の西方里見社長の指導で採用しているのが、耐力用面材を利用した気密工法だ。

「気密性を確保しやすいのに加えて、筋交いがないので断熱材の充填性が高まる」。OKUTAの荻野孔史氏は同工法のメリットをこう説明する。

もう1つは透湿防水シートで建物を包み、シートの継ぎ目に気密テープを張る方法だ。考案した西方社長は「面材を使う場合に比べて継ぎ目が少ないので、初めて取り組む工務店でも相当隙間面積1.0cm^2/m^{2}を実現できる」と施工の確実性を説明する。この工法は耐力壁を筋交いで構成する場合にも容易に採用できる。

第5章
失敗しない断熱改修

失敗しない断熱改修

床下・窓・基礎・下屋・壁内
ありがちな12のトラブル

断熱改修の需要は増している。ただ、設計、施工、顧客説明のいずれも難しい。
まずはどのような難しさがあるのかを、実際のトラブル事例から見ていく。

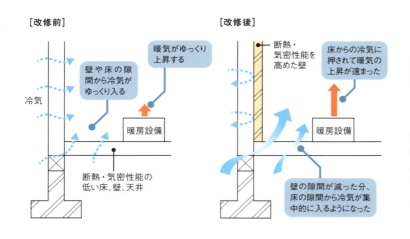

事例1

[壁を断熱したら床からの隙間風が増えた]

壁だけを室内側から断熱改修したら、以前に比べて床から冷気が入るようになった。壁の隙間が減った分、床の隙間から集中して入るようになったためだ。その影響で、暖房設備の暖気が上昇する速度も上がっている（資料：住まい環境プランニングへの取材を基に日経ホームビルダーが作成）

事例2 **[断熱改修した部屋の樹脂サッシが結露]**

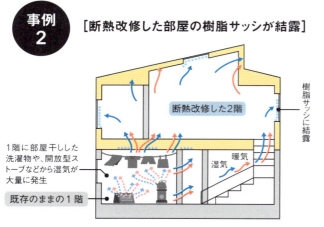

2階全体を断熱改修したが、2階の樹脂サッシが結露した。1階の湿気が2階に拡散し、2階の気密性能が上がっていることから、窓の表面結露として現れた。2階は換気扇と暖房機を止めていた（写真・資料：住まい環境プランニング）

　断熱改修は高断熱・高気密住宅に慣れた人でも対応が難しい。断熱改修を熟知した実務者や識者に挙げてもらったありがちなトラブルを、ここでは12事例紹介する。いずれも、断熱改修を実施した居住者が不満を訴えたり、不具合が発生したりしたものだ。特に、家の一部分だけを施工する「部分断熱改修」での不満や不具合が多かった。

　良くない部分断熱改修の例として複数から挙がったのは、玄関ポーチや掃き出し窓回りをアルミとガラス製のサンルームで囲う工事だ。山本亜耕建築設計事務所（札幌市）の山本亜耕社長は、「隙間風を多少減らすだけで、断熱効果など全くない。北海道で一時はやったが、断熱・気密性能の高いドアや窓に交換する改修メニューが登場して、消えていった」と話す。

　断熱材を壁だけに室内側から張る断熱改修（**事例1**）を、自宅で試みた住まい環境プランニング（岩手県盛岡市）の古川繁宏社長は、改修後に床からの冷気を強く感じるようになったという。壁の断熱・気密性能

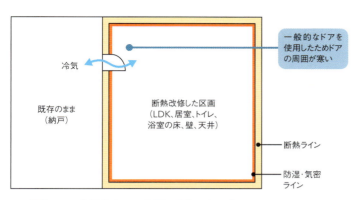

事例3 ［断熱区画境界の扉が寒い］
2階の一部を既存のまま残し、それ以外の全てを断熱改修した。非断熱区画と断熱区画を一般的なドアで仕切ったため、断熱区画でもドアの周囲が寒くなった。非断熱区画は無暖房なので扉が冷えた
（資料：エスエー企画への取材を基に日経ホームビルダーが作成）

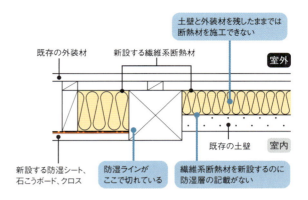

事例4 ［防湿・気密ラインが不連続］
断熱改修の図面の例。既存の土壁を残す部分に防湿層がない。防湿・気密ラインが不連続なので、条件によっては壁内結露する恐れがある。土壁と外装材を残しながら断熱材を充填する、あり得ない納まりにもなっている（資料：住まい環境プランニングへの取材を基に日経ホームビルダーが作成）

事例5 ［基礎断熱にしたら床下にカビが大量発生］
床断熱から基礎断熱に改修した住宅で、カビの菌糸が異常に成長した。地盤から湿気が出ているのに防湿施工をしなかったため、密閉した床下の湿度が上がり、菌糸の成長に適した環境となった
（写真：宮城学院女子大学教授 本間義規）

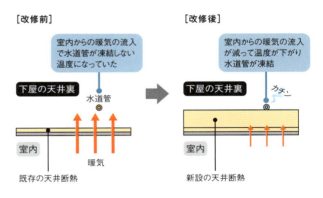

事例6 ［天井裏で水道管が凍結］
天井の断熱改修をしたら、天井裏に設置した水道管が凍結した。改修前の天井裏は暖気が入り凍結しない温度になっていたが、改修後は天井の断熱性能が上がり天井裏の温度が下がった（資料：北方建築総合研究所2004年度調査研究報告「環境に配慮した既存木造住宅改修システムの開発」）

が上がった分、床の隙間から外気が集中して入るようになったためだ。「手軽で安価な方法だが、メリットよりデメリットのほうが大きいので勧められない」と話す。

部分断熱改修でも、ある区画の床、天井、外壁、間仕切り壁の6面に断熱・防湿・気密処理を施す工事なら断熱効果は得られやすい。ただ、その場合も見逃しやすい点がある。

事例2では、2階の6面を断熱改修したが、2階の樹脂サッシが結露した。1階の非断熱区画と2階の断熱区画との境界にある階段が湿気の抜け道になっていたことと、2階の24時間換気と暖房を止めていたことが原因だ。

事例3は、部分断熱改修の実績が豊富なエスエー企画（群馬県渋川市）が経験した例だ。断熱改修した区画と既存のままの区画との境界に通常の室内ドアを使ったため、居住者から「ドアの周囲が寒い」と言われた。「室内扉だからと甘く見た。既存のままの区画が暖房をしない納戸だったのに、常に外気に近い環境になることを見落とした」と岩崎謙治代表は話す。

事例7

[内窓を付けたら窓台がぼろぼろ]
外窓にアルミサッシ、後付けした内窓に樹脂サッシを組み合わせた2重窓の下の壁が剥がれた。内窓とその周辺の断熱・気密性能が低いため、室内の湿気が内窓と外窓の間に流入して外窓の内側で結露が発生した。札幌市内の事例（写真：エスパス一級建築士事務所）

[サッシを交換したら隙間から冷気が入る]
断熱・気密性能の高い窓に交換したところ、レンジフードを運転するたびにコンセントや畳の縁などから隙間風が入るようになった。サッシからの給気が減った分、他の隙間から空気が引っ張られるようになったためだ。レンジフード用の給気口を新たに設ける必要がある（資料：環境設備コンサルタントへの取材を基に作成）

事例8

[内窓と外窓との間で結露が発生]
北向きの部屋で、アルミサッシの外窓と後付けした樹脂サッシの内窓との間が結露した。窓台や壁紙にも結露が広がった。内窓とその周囲の断熱・気密性能が低いことが原因だ。洗濯物を部屋干しして湿度が高くなっていたことも結露を助長した。岩手県内の事例
（写真：住まい環境プランニング）

事例9

図面段階で入念な検討を

前述の古川社長は、親しい住宅会社から断熱改修の図面を見せてもらうことがあり、問題点を指摘することがある。**事例4**がその例だ。

指摘したのは、既存の土壁を残して断熱改修する部分に防湿シートがないので結露する可能性があることや、断熱材を施工できない納まりなので現場が混乱する恐れがあることなどだ。「断熱改修は新築より納まりや施工方法が難しくなるので、図面段階でよく検討をしておくことが重要だ」と古川社長は話す。

断熱改修すると、当該部分だけでなく周辺部分も影響を受ける。

事例5は床断熱から基礎断熱に改修したのに、地盤の防湿をしなかったために、床下にカビが発生した。**事例6**は下屋の天井を断熱改修したことで下屋の天井裏の温度が下がり、改修前は何ともなかった水道管が凍結した。

全国的に増えている開口部の断熱改修にも、落とし穴がある。**事例の7と8**は、後付けした内窓の断熱・

事例10 ［下屋だけ天井温度が低い］

家全体を断熱改修した後、表面温度を測定したら、下屋部分の天井の温度が他よりも低かった。既存の壁と下屋の取り合い部分などに隙間が残り、外気が入ってきている可能性が高い（資料：北方建築総合研究所2004年度調査研究報告「環境に配慮した既存木造住宅改修システムの開発」）

事例11 ［断熱ユニットバスに替えて脱衣室が寒くなった］

在来浴槽を断熱ユニットバスに替えたところ、脱衣室が前よりも寒くなった。赤外線カメラで見ると、床下点検口の周囲の表面温度が低かった。床下の空気の流れが改修前よりもよくなり、床下点検口の隙間から入る空気が増えた。隙間を塞ぐ必要がある
（写真：エスパス一級建築士事務所）

事例12 ［外装材の重ね張りで劣化を促進］

外装材を張り替えた居住者から、「床下がぬれているようだ」と相談を受けて調べたところ、土台や柱などが腐っていることが判明した。壁は断熱材を裏張りした金属サイディングを、既存の外装材に重ね張りしていた。躯体の劣化を放置したまま重ね張りしたことで、劣化の進行を促すとともに、発見を遅らせた
（写真：エスパス一級建築士事務所）

気密性能が低かったことが原因で、内窓と既存の外窓の間が結露した。

事例9は、断熱・気密性能の高い窓に交換した居住者が、「レンジフードの運転中、コンセントの穴や畳の縁といったサッシ以外の隙間から冷気が入るようになった」と訴えた。窓の気密性能が上がり、レンジフード用の給気が不足したことが、クレームを招いた。

既存部分の調査が欠かせない

断熱改修の対象になる古い住宅は、気流止めがないなど、そもそも不具合を抱えていることが多い。

インスペクションを手掛けるエスパス一級建築士事務所（札幌市）の宮下悟社長は、「それを放置したままだと、改修効果が損なわれてしまうので、既存部の確認が欠かせない」と強調する。事例10〜12は、既存部の確認を怠ったことがトラブルの原因だ。

事例10は、家全体を断熱改修した後、赤外線カメラで室内の表面温度を測定したところ、下屋に当たる部分の天井温度が他よりも低いことが判

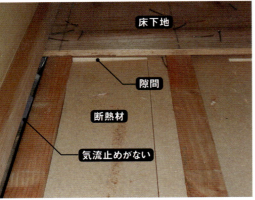

古い住宅の多くは不具合を抱える
上は、古い住宅の下屋。天井と壁との取り合い部分に断熱材がないので、1階の天井に外気が侵入している。下は、別の古い住宅の床。土台との取り合い部分に気流止めがないうえ、断熱材と床下地の間に隙間がある。この状態では断熱効果が上がりにくい（上はエスパス一級建築士事務所、下はエスエー企画）

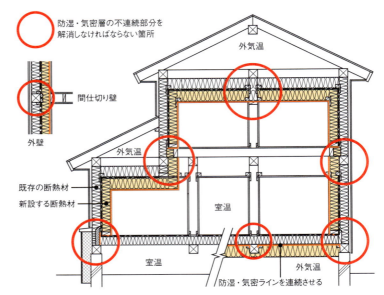

●断熱・気密・防湿ラインが不連続になりがちな箇所

（資料：北海道建築技術協会発行の「高性能リフォームの計画」）

暖房しない空間も最低限の断熱

　部分断熱改修をすると、改修しない空間は前よりも寒くなり、結露する恐れもある。そのため、寒冷地では部分断熱改修に消極的、否定的な意見が少なくない。しかし、新築の省エネ基準と同等以上にするフル断熱改修に固執していては、断熱改修のニーズに応えきれない。どのような断熱改修を提案するかは、居住者のライフプランや住宅の投資価値、地域性など、置かれている個々の状況に応じて合理的に判断するのがプロだ。場合によっては、部分断熱改修がベストの選択肢になり得る。

　部分断熱改修での問題点の一つは、暖房しない空間での結露対策だ。断熱改修すると気密性能が上がるので、換気回数が減る。暖房しない空間に湿気が行かないようにするのも困難だ。そのため、24時間の計画換気が断熱区画内はもちろん、非断熱区画でも必要だ。機械で給気する第2種換気で、室内側を正圧にする方法も有効だ。結露は建物の汚損ばかりでなく空気質の汚染も招き、呼吸器疾患などにもつながるので、対策を徹底したい。

　私が勧めるのは、普段生活する区画の部分断熱に加えて、暖房しない空間の表面結露を防ぐ最低限の断熱を外皮に施すことだ。3地域以南であれば、1992年（平成4年）基準並みのグラスウール16K厚さ30mmで、表面結露をある程度防げる。これくらいの断熱材を既存部分に施工した上で、改修部の壁の上下端に気流止めを付ければよい。

（北方建築総合研究所の鈴木大隆所長　談）

明した。既存躯体の気密欠損が、そのままになっていたのだろう。

　事例11は、在来浴槽から断熱仕様のユニットバスに替えたら、脱衣室が寒くなった。以前よりも床下に風が通りやすくなり、改修していない脱衣室の床の隙間から、風が室内に余計に入るようになったからだ。

　事例12は、既存の躯体が腐朽しているのを見逃したまま、断熱材付きの外装材を重ね張りした。その結果、躯体の腐朽が進み、外装材を全て剥がして改修する羽目になった。

　以上のように、断熱改修の不具合は、断熱・気密・防湿層の不連続が原因で起こるものが少なくない。部分断熱改修はもちろん、家全体の断熱改修でも各層の連続性を確保することが基本になる。

　次ページ以降では、その基本を踏まえたうえで、現場に即した断熱改修の処方箋を熟練者や識者に学ぶ。

失敗しない断熱改修

現場の悩みと処方箋
効果を高めてリスクを削減

断熱改修で実務者がよく直面する課題と処方箋をQ&A方式で示していく。
実務経験が豊富な技術者の取り組みと解説はトラブル防止に役立つはずだ。

Q 費用対効果の高い断熱改修は?

A 気流止めと床、天井、窓の改修

断熱改修の際に問題になるのがコスト。万全な仕様が組める現場は少数なので優先順位を考えた設計が重要になる。高性能住宅の技術開発に取り組む新木造住宅技術研究協議会（仙台市）の会沢健二常務理事は、「家全体を対象にする場合、気流止めと床、天井、窓の断熱改修の組み合わせが最も費用対効果が高い」と説明する。

写真は同会会員の山善工務店（東京都荒川区）の事例だ。工事費260万円で前述した部位に断熱改修を施し、1999年省エネ基準程度に断熱性能を向上させた。

少しずつ改修したい場合は6面のどこからがいいか。岩手県盛岡市の住まい環境プランニングの古川繁宏社長は、「窓、床と天井、壁の順がよい。壁よりも床と天井を先行するほうが効果を感じやすい」と話す。

上から張るだけの工法

部分断熱改修の場合、非破壊の工法が注目される。宮城県富谷市の

●費用対効果の高い断熱改修の手法

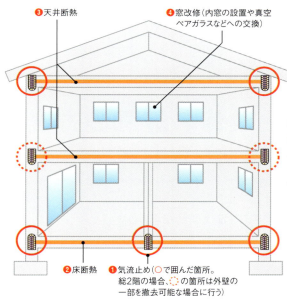

①〜④をセットで断熱改修する。壁の断熱に関しては、内部仕上げや間取り変更を伴う場合は内側から、外装の変更を主とする場合は外側から施工する（資料：日経ホームビルダー）

❶気流止め（○で囲んだ箇所。総2階の場合、⊙の箇所は外壁の一部を撤去可能な場合に行う）
❷床断熱
❸天井断熱
❹窓改修（内窓の設置や真空ペアガラスなどへの交換）

山善工務店が躯体を壊さずにローコストで断熱改修した住宅の例。気流止めとガラスの変更、床・天井断熱を実施した。左は、床に設置した気流止め。右は、既存の窓ガラスを真空ペアガラスに替えたところ（写真：山善工務店）

北洲では、壁の断熱材に石こうボードとフェノールフォームを張り合わせたパネルを用いて、既存の壁の上から接着剤で貼り込む「部屋ごとリフォーム」を提唱。床は現場発泡ウレタン、天井はグラスウール、窓は内窓で断熱する仕様だ。解体工事がない分、振動や音、ほこりが抑えられ、「居ながら改修」に向く。費用は23.18m²のLDKを断熱改修した場合で、床材の更新を含めて300万円を想定している。

北洲の「部屋ごとリフォーム」の現場。既存のクロス張りの上から石こうボードとフェノールフォームを張り合わせたパネルを接着剤で貼る。断熱材の厚さは20mm。新築で石こうボードを張り込むときのように実測しながらカッターで切断して張っていく（写真・資料：北洲）

●北洲の「部屋ごとリフォーム」の仕様

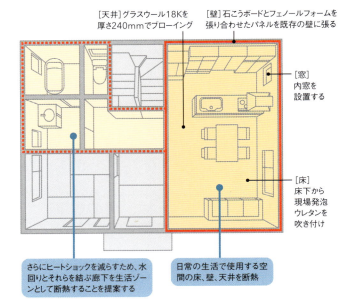

[天井]グラスウール18Kを厚さ240mmでブローイング
[壁]石こうボードとフェノールフォームを張り合わせたパネルを既存の壁に張る
[窓]内窓を設置する
[床]床下から現場発泡ウレタンを吹き付け

さらにヒートショックを減らすため、水回りとそれらを結ぶ廊下を生活ゾーンとして断熱することを提案する

日常の生活で使用する空間の床、壁、天井を断熱

北洲が部分断熱改修で提案する「部屋ごとリフォーム」の仕様。石こうボードとフェノールフォームを張り合わせたパネル（壁）と、現場発泡ウレタン（床）、グラスウール（天井）、内窓を組み合わせて、建物を壊さずに部屋ごとに断熱する

Q 部分断熱改修の区画の方法は？

A 間仕切りは必須、天井は小屋裏でも可

●部分断熱の断熱区画の考え方（直上に部屋がある場合）

❶真上の天井を断熱する場合

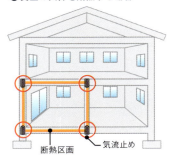

断熱区画　気流止め

❷2階の小屋裏を断熱する場合

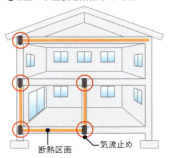

断熱区画　気流止め

❶は断熱区画が明確になるので、計画換気と暖房まで組み込む場合に向く。ただし、天井を断熱するのに1階天井か2階床を大幅に解体する必要があるので工費はかさむ。❷は断熱区画はあいまいになるが、押し入れの天袋などから小屋裏に入って作業すればよいので工費が抑えられる（資料：日経ホームビルダー）

部分断熱改修を行う場合、断熱ゾーンの区画方法が重要になる。

長野市の断熱工事会社、信越ビー・アイ・ビーの小林義孝社長は「壁に関しては外周壁だけでなく間仕切りも断熱すべきだ」と主張する。間仕切り壁を断熱することで、断熱改修を施していない隣室の室温の影響を受けにくくなり、間仕切り壁の表面温度を高く保てるので冷輻射を感じにくくなる。「体感的にこの違いは大きい」と小林社長は言う。

もう一つのポイントが1階を部分断熱する場合の天井断熱の位置。直上の天井が理想だが、そのためには1階の天井か2階の床を解体する必要がある。「予算的に難しい場合、小屋裏で断熱する方法もある」と小林社長（図参照）。この方法であれば、解体せずに断熱施工を行える。「ただし、部分断熱で計画換気と暖房まで組み込む場合は直上の天井で断熱し、完全に区画する必要がある」と小林社長は説明する。

Q 既存の壁厚では断熱不足の場合は？

A 内側や外側に付加断熱する

既存建物の壁厚よりも断熱層を厚くして、断熱性能を引き上げるには、付加断熱が必要になる。その場合は、充填断熱に加えて外側に断熱材を付加することが多い。

断熱改修で付加断熱する方法として、注目されるのがセルローズファイバーによる吹き込みだ。さいたま市にあるOKUTA設計施工部設計課の小山和幸次長は、「軸組みの内外に柱状の部材を取り付けて壁の厚みを増すことにより、付加部分も含めて1回で施工できるので合理的だ」と説明する。

付加断熱の場合、防湿層の位置が問題となるが、「セルローズファイバーは温暖地では防湿シートを省略できるので、透湿防水シートで気密だけ確保すればよく、その点でも有利だ」（小山次長）

札幌市の山本亜耕建築設計事務所は、グラスウールで内外に付加断熱する方法を採用する。既存の充填断熱を生かし、室内側は既存クロスの上に防湿シートを張り、その上にグラスウール50mm厚を張る。外側は既存の透湿防水シートの上にOSBを張り、その上に胴縁を施工してグラスウール140mm厚を施工する仕様だ。断熱厚は合計295mmと「超高断熱化」が可能になる。

OKUTAの付加断熱の断面模型。セルローズファイバーならば、元の軸組みの間と、内外に壁をふかした分とを1回で吹き込むことができるので施工が合理的だ
（写真：OKUTA）

●内外に付加断熱する壁の断面図の例

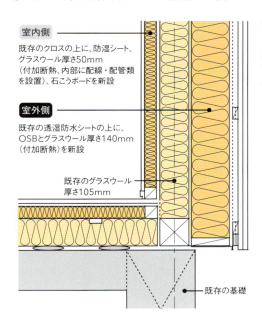

室内側
既存のクロスの上に、防湿シート、グラスウール厚さ50mm（付加断熱、内部に配線・配管類を設置）、石こうボードを新設

室外側
既存の透湿防水シートの上に、OSBとグラスウール厚さ140mm（付加断熱）を新設

既存のグラスウール厚さ105mm

既存の基礎

既存の断熱材と付加断熱材の間に防湿シートを施工しているのがポイント。壁の中間になるので、室外側と室内側の透湿抵抗比を計算して結露しないことを確認している

上は、既存の透湿防水シートの上に壁面を平滑にするためのOSBを張った状態。左は、防湿シートの室内側に付加断熱材を充填し、その中に配管・配線を施工した状態。防湿シートが干渉しないので施工しやすい
（写真：左上の図面も山本亜耕建築設計事務所）

Q 通気層がない外壁の断熱方法は？

A 可変透湿シートで内側に透湿させる

断熱改修の対象となる古い住宅には、モルタル塗りやサイディングの直張りなど通気層のない外壁が少なくない。外壁をやり変える場合は通気層を新設すればよいが、内側から充填断熱をやり直す場合は壁体内結露を防ぐ配慮が必要になる。

信越ビー・アイ・ビーの小林義孝社長は、「内側に水蒸気が抜ける構成を考える必要がある」と言う。ポイントは気密の確保と透湿抵抗の両立だ。通常の防湿シートだと壁内の水分がブロックされて室内側に排出されない。「防湿シートの代わりに相対湿度に応じて透湿抵抗を変化させる可変透湿シートを用いることで、夏場など壁内

左は、白色のシリケート塗料で仕上げているところ。右は、防湿シートの代わりに可変透湿シートを張った様子（写真：信越ビー・アイ・ビー）

の湿度が高まったときには室内側に水分が排出されるようになる」（小林社長）

そのうえで、透湿性のある仕上げ材も使用する。「水ガラスをバインダーに用いたシリケート塗料は、透湿性が高く内部結露のリスクが低いので最適だ」と小林社長は説明する。

住まい環境プランニングの古川繁宏社長は発泡系断熱材などで室内6面を隙間なく覆い、壁体内への湿気浸入を防ぐ。壁体内に万が一入った湿気は小屋裏に抜けるよう、壁体内は既存の断熱材などを撤去する。

Q 土壁を残して断熱する方法は？

A 発泡系断熱材を外張りする

●土壁を残して断熱する納まりの例

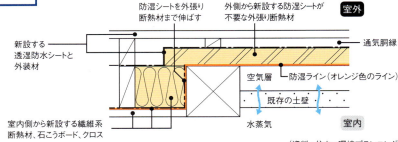

（資料：住まい環境プランニング）

室内側にある既存の土壁を残して断熱改修したい場合は、防湿シートを不要とする発泡系断熱材などを外張りするのが安全だ。

図は、住まい環境プランニングの古川繁宏社長が作成した納まりの一例だ。土壁の外側も室内空間と考えて、断熱材と土壁の間は空気層のままとしている。同じ住宅内に繊維系断熱材と防湿シートを張った部屋がある場合は、防湿シートを外張り断熱材に接する所まで伸ばして、防湿層として連続させる必要がある。

防火制限から発泡系断熱材が使えない場合は、土壁の外側に防湿シート、繊維系断熱材の順で外張りする。この方法は、断熱材を雨にぬらさないことと、防湿シートを隙間なく張ることが難しい。防湿シートを張らない場合は結露の恐れがあるので、定常計算などで確認する。

Q 浴室を断熱改修するときの注意点は？

A 断熱ユニットバスと壁の隙間を塞ぐ

断熱改修において、浴室の床下の断熱は悩みどころの一つだ。

山形県鶴岡市に拠点を置く親和創建の五十嵐透社長は、浴室・洗面の部分改修と居室部分を含む改修とで断熱工法を使い分ける。部分改修では土間に防湿シートを敷き込み、浴槽を断熱した断熱ユニットバスで対応。浴室に加えて居室を改修する場合は、改修エリア全体を基礎断熱にする。

五十嵐社長が懸念するのは床下の湿気。「浴室・洗面のみを基礎断熱にすると、床下の空気が動く範囲が狭く、湿気がたまる恐れがある」

群馬県渋川市のエスエー企画の岩崎謙治代表も、改修では断熱ユニットバスを採用することが多い。基礎断熱にするには既存の古い布基礎に断熱材を後張りすることになるが、密着させるのが難しいからだ。

住まい環境プランニングの古川繁宏社長は、浴室と脱衣室だけの改修でも、所定の断熱性能を確保するため基礎断熱にする。立ち上がり部分は接着力の強いウレタン樹脂系のコンクリート用接着剤を使って室内側から断熱材を張る。基礎表面に不陸がある場合は、断熱材が密着するようコンクリートビスで締め付けることもある。

非断熱ゾーンとの区画

断熱ユニットバスを使う場合は、他にも注意点がある。五十嵐社長と岩崎代表はユニットバス回りの壁と天井を断熱し、浴槽と壁の隙間を気流止めで塞ぐ。水蒸気の流入を防ぐため、五十嵐社長は袋入りのグラスウールと防湿シートを併用する。

断熱改修した浴室・洗面と非断熱エリアとの区画も重要だ。基本は断熱エリアに防湿シートを張り、非断熱エリアと縁を切ることだ。問題は既製品の室内建具に断熱・気密性の高い製品がないこと。外部建具を流用してもよいが、見た目に違和感があるので、五十嵐社長は独自に内部建具を制作している。

親和創建が手掛けたユニットバス周囲の断熱。洗面脱衣所と取り合う床部分などを現場発泡ウレタンなどで断熱する（左の写真）。周囲の壁は袋入りグラスウールと防湿シートを併用したうえで、ユニットバスと壁の隙間を塞ぐ（上の写真）
（写真：親和創建）

住まい環境プランニングがサポートした基礎断熱の改修現場。基礎断熱の底盤は、地面に砕石と断熱材を敷き、土間コンクリートを打ち込む（写真：住まい環境プランニング）

Q 狭い床下で改修する際のリスクは？

A 職人が近付けない所が欠損になりやすい

　床下から施工する床断熱は、床材を壊さないので、改修に伴う居住者の負担を軽減できるのがメリットだ。ただ、制約やリスクを伴う。

　まず、職人が入れる床下でなければ施工できない。現場発泡ウレタン工事を手掛けるNENGO（川崎市）の小沢彰久アシスタントマネージャーは、「人が出入り可能な床下点検口と人通口が共にあり、地面から大引き下端まで懐寸法が最低45cm確保されていることが条件になる。床下点検口を新たに作ったり、床下の土を掘り出したりして対応することもある」と話す。

床上からのほうが工期は短い

　マット系やボード系の断熱材を使った場合は、費用が安く済む利点がある。だが、施工の手間が著しくかさむので職人に嫌われる。断熱材を床下点検口から入るサイズに小さくするので、取り付ける回数や断熱材同士の隙間を気密材で塞ぐ箇所が増える。全てが仰向けでの作業だ。

　信越ビー・アイ・ビー（長野市）の小林善孝社長は、「床下からの施工は体力を使うので、約60㎡を施工するのに、慣れた職人でも2人で3日は掛かる」と話す。このタイプの断熱材ならば、施工の手間を減らす工夫を施した製品を使うのがよい。

NENGOが現場発泡ウレタンを吹き付けた現場。現場発泡ウレタンは断熱と気密、気流止めを同時にできるので、マット系やボード系の断熱材ほどの手間が生じない（写真：NENGO）

OKUTA（さいたま市）が床上からセルローズファイバーを吹き込んだ現場。不均等な根太や大引きの間に断熱材を充填する場合は、手で詰めるよりも機械で吹き込んだ方が隙間を減らせる（写真：OKUTA）

山井建設（岩手県滝沢市）がボード系断熱材を床下から施工した現場。断熱材同士の継ぎ目に気密テープを張る、土台と断熱材の隙間を現場発泡ウレタンなどで塞ぐといった作業も必要になる（写真：山井建設）

エスエー企画が既存住宅で根太を施工し直し、根太のピッチで断熱材をあらかじめ張り付けた床下地材を施工している現場。既存の根太と床下地材を別々に張るよりも隙間なく納まる（写真：エスエー企画）

　職人が床下に入れても、根がらみや配管などで近付けない所が床下には生じやすい。床下から施工する方法ではそのような場所が断熱や気密の欠損になりやすいため、住まい環境プランニングの古川繁宏社長は、床上から施工する方法を勧める。

　「床上からのほうが職人はやりやすいので、施工精度を上げられる」と古川繁宏社長は説明する。

　エスエー企画も、室内からの施工を標準とする。ボード系断熱材と一体化した床下合板に施工し直して、わずかな隙間も生じないようにする。

Q 室内側から屋根断熱にする方法は？

A 垂木間の一部を通気層に活用する

屋根断熱に改修する方法は、既存の屋根を壊して外側から施工する方法と、屋根には手を加えず室内側から施工する方法とがある。後者の方が手間と費用を抑えられるのだが、住まい環境プランニングの古川繁宏社長は、前者を選ぶことが多い。「繊維系断熱材を使う場合は、室内側からだと屋根の通気層と外壁の取り合い部で、結露や雨漏りのリスクを抱える」と古川社長は説明する。

室内側から屋根断熱に改修する場合、既存の垂木間に断熱材を充填し、一部を通気層として用いる。その際、屋根の断熱材が壁と取り合う端部は、外気に触れたり雨に濡れたりする恐れがあるので、繊維系断熱材を透湿防水シートで覆うのが標準的な納まりだ。この施工は軒天や壁を壊さないと通常できないので、室内側からの工事は難しいと判断している。

この問題を回避する方法の1つが、外気や水の影響を受けにくい発泡プラスチック系断熱材を用いること。親和創建の五十嵐透社長は「フェノールフォーム系断熱材は、充填した断熱材の上に重ねて張れるので高性能化を図りやすい」と説明する。施工では垂木側面にあらかじめ桟木を打っておき、断熱材が桟木よりも上の位置に行かないようにして通気層を確保するのがポイントだ。金属屋根やスレート屋根の場合、棟部分に通気部材を取り付けて、垂木部分の通気層とつなげる。

垂木下に透湿防水シート

さいたま市のOKUTAでは、次ページの図のように既存垂木の下に断熱層を新設して上述のリスクを回避している。「既存の垂木下に透湿防水シートを張ったうえで野縁を組んで専用シートを張り、200mm厚程度のセルローズファイバーを施工する」と同社設計施工部設計課の小山和幸次長は説明する。この方法だと通気層と断熱層を分けることができ、断熱材の端部も外壁内に収まる。

瓦屋根で通気を取る場合、棟瓦を下ろすのは難しいので、棟の脇に換気部材を取り付けてそこから空気を抜くようにする

● 発泡プラスチック系断熱材での屋根断熱

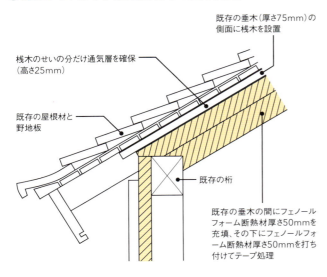

既存の垂木間にフェノールフォーム断熱材を充填し、屋根断熱とした事例。垂木間に充填した後、さらにその下部に断熱材を張っていく。最初に垂木側面に桟木を打ち付けることで通気層を確保する
（写真・資料：このページは親和創建）

垂木の下に透湿防水シートを張ったうえで、野縁を組んで不織布の専用シートを張り、セルローズファイバーを充填。垂木間は通気層として利用する
(写真・資料：OKUTA)

●セルローズファイバーでの屋根断熱

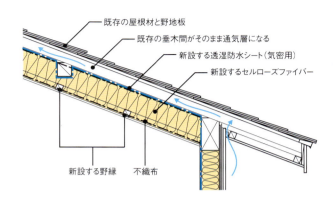

Q 開口部の断熱改修の裏技は？

A 枠を残す、窓を小さくする

窓は最も熱が逃げやすい部位であるため、断熱改修の効果が出やすい。内窓も一定の効果があるが、抜本的に性能向上を図るなら窓ごと交換すべきだ。信越ビー・アイ・ビーの小林義孝社長は、「最もコストが掛からない断熱改修は家の窓を全部、高気密のLow-Eトリプルガラス入り樹脂サッシに変えること。窓の交換だけなら窓周辺の外壁を欠き取り、傷んだ窓まぐさと窓枠を交換してサッシを付け替える。延べ床面積40坪の家なら200万円で可能だ」と説明する。

さらに簡単に窓を交換する方法を示すのが下の2枚の写真。既存の窓枠の外側に木下地を設けて、サッシを取り付ける。「既存の窓枠に手を加えずに済み、見た目を気にしなければ、窓枠に付いたサッシもそのままでよい」と小林社長は説明する。

既存の掃き出しの窓をLow-E複層ガラス入りの樹脂サッシにしたうえで、床から高さ600mmの部分までを壁にした。壁には高性能グラスウール16K（24K相当）を105mm厚で充填した（写真：丸稲武田建設）

窓を減らして性能アップ

窓面積を減らして断熱性能を向上させる方法もある。丸稲武田建設（札幌市）の武田司社長は、窓を小さくした。もともとの掃き出しの窓を腰高の高性能サッシに交換したうえで、腰壁に断熱材を充填した。「窓を小さくすると熱損失を減らせるだけでなく、サッシの製品価格も抑えられる」と武田社長は説明する。

既存の外壁材の上に新たに枠を打ち付けて、そこにサッシを取り付ける。既存の枠や障子はそのままでも済むので工事が簡易（写真：ともに信越ビー・アイ・ビー）

Q 顧客に改修の効果をどう説明する？

A 断熱性能の診断ツールを活用する

断熱改修の設計をまとめるに当たっては、既存建物の性能把握が必要だ。まずは、無料で利用できるツールとして、建築環境・省エネルギー機構が2014年度に公開した「CASBEEすまい改修チェックリスト」がある。改修前後の断熱性能を大まかに評価できる。

住宅の使用エネルギーやCO_2排出の実態把握のツールとしては、環境省が11年度から提供する「うちエコ診断」というソフトがある。断熱性能は把握できないが、改修後のランニングコストの目標設定など省エネルギー計画の参考になるだろう。

既存建物の性能を数値で診断

実際の断熱性能を診断するものとしては、札幌市のJ建築システムと東京大学生産技術研究所・加藤信介教授の研究室が共同で開発した「JJJ診断システム」がある。サーモカメラと環境温度計などを用いて、夕方から翌日朝まで室内と屋外の温度経過を調査し、専用ソフトで部位別の性能を解析するとともに熱画像から断熱不良の箇所を探り当てる。

このシステムを本格的に導入している北洲の佐々木道彦氏は、「短時間の検査にもかかわらず、各断熱部位の熱貫流率（U値）が算出でき、間取りや仕様などを入力すると、住宅全体の外皮平均熱貫流率（UA値）や平均日射取得率（ηA値）、一次エネルギー消費量を算出できる。今までの経験から数値の精度も信頼できる」と評価する。

これらのデータを基にすれば、目標とすべき断熱性能とその性能を満たすための改修仕様を正確に定めることができる。さらに改修仕様別に、冷暖房費用の予測ができるのも特徴だ。「費用対効果が明確になるので、改修設計の具体性が高まり、プレゼン資料としての価値も高い」と佐々木氏。同社ではこの診断サービスを、諸経費を除き12万円でユーザーに提供している。

北洲が断熱改修の効果を伝える際に、施主に示す資料。JJJ診断システムの解析結果を記載する。改修プランごとの断熱性能の違いと冷暖房費の予測データなどから、断熱改修の費用対効果を分かりやすく伝える
（資料・写真：北洲）

「JJJ診断システム」による測定の様子。温度センサーと熱画像により、既存建物の断熱性能を診断する。壁を中心に測定し、1階の改修であれば床のデータを、2階であれば天井のデータを、平屋の場合は双方のデータを加味して断熱性能を判断する

Q 天井断熱で夏季を考慮するには？

A グラスウールで300mm厚は必要

　断熱改修の目的の一つが夏の暑さ対策。特に天井断熱の役割は重要だ。OKUTAの小山和幸次長は、「1階のみを改修する現場でも、小屋裏にセルローズファイバーを吹き込むことがある。冬場の2階の環境は変わらないが、夏場は格段に過ごしやすくなる」と、夏場の天井断熱の効果を強調する。

　夏に効果を得るにはどの程度の断熱厚さが必要なのか。「実験やシミュレーションによると、長野県で夏場の日射熱の影響を避けるには高性能グラスウールの吹き込みで300mmの厚さは必要」と信越ビー・アイ・ビーの小林義孝社長は説明する。

　下に示したシミュレーションデータのように、300mmの厚さがあれば天井の石こうボードの裏面温度は室温のプラス1℃程度と日射影響を最低限に抑えられる。「この厚みがあれば室温25℃でも夏型結露が発生しないので、その点でも安心」と小林社長は指摘する。

● 夏季における小屋裏から天井までの温度

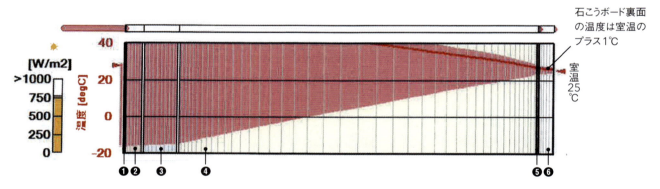

図の番号は以下の仕様を示す。❶ルーフィング1mm、❷合板15mm、❸空気層30mm、❹高性能グラスウール300mm、❺防湿シート0.1mm、❻石こうボード12.5mm

赤い実線が、長野県松本市で観測した2014年7月30日午後2時の気象データを用いて、室温を25℃としたときのシミュレーションデータ（資料：信越ビー・アイ・ビー）

失敗しない断熱改修

使える製品
解体せず施工できる

断熱改修の工事に用いると便利な製品は少なくない。
ここでは、壁や天井といった部位ごとに便利な製品をまとめてみた。

［内装に胴縁を留め付けビス止め］

ハウスINハウス

右は、使用するパネル。2枚の5.5mm厚の合板で硬質ウレタンフォームを挟み込み、格子状に入れたMDFで剛性を確保している。左は、施工の様子。既存の内装の上から胴縁を躯体の構造に留め付け、パネルをビスで取り付ける
（写真：ハイアス・アンド・カンパニー）

［クロス仕上げも不要に］

リフォエコパネル

高性能グラスウールを板状にしたパネル。クロスが一体化しているので、既存の壁に専用テープで貼り付ければ、そのまま仕上げとなる（写真：旭ファイバーグラス）

［根太間用と大引き間用を用意］

床リノベ

マットタイプとボードタイプの2種類。マットタイプは圧縮して搬入し、根太や大引きの間に施工する。ボードタイプ（左の写真）は折り畳んで床下点検口から搬入し、大引きの間に留め付ける
（写真・資料：マグ・イゾベール）

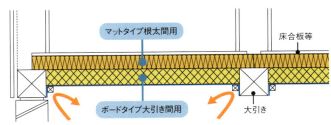

　一般的な断熱改修では、既存の内装を解体する必要があり、その費用や工期が建て主にとって大きな負担になっていた。しかし、近年、既存の内装の上から重ね張りできる各種の断熱ボードが発売されており、部分的な断熱改修が容易になってきている。

　主な製品の特徴をまとめたのが次ページの表だ。断熱材の種類や厚さなどに違いがあり、施工方法には胴縁を取り付けてビス留めするもの、接着剤で貼り付けるものなどがある。現場でカットできて寸法調整しやすい製品も多い。

　また、下地合板の表面にクロスが既に張られているパネル、下地にホルムアルデヒドの吸着効果があるボードを用いたパネルなど、施工性や機能にひと工夫した製品も発売されている。

　ただ、木造住宅に使って2013年省エネ基準レベルの性能を満たせる製品は少ない。表の中では、旭化成建材の「ネオマ断熱ボード」、ハイアス・アンド・カンパニーの「ハウスINハウス」、マグ・イゾベールの「床リノベ」が、条件によっては満たせる。

[簡易に断熱改修できる製品の例]

（資料：日経ホームビルダー）

用途	壁／天井	壁／天井	壁／天井	壁	壁／天井／床	床
製品・工法名	アキレスHCパネル	ネオマ断熱ボード	リフォエコボード／リフォエコパネル	あったかべ	ハウスINハウス	床リノベ
メーカー名	アキレス	旭化成建材	旭ファイバーグラス	ウッドワン、積水化学工業	ハイアス・アンド・カンパニー	マグ・イゾベール
断熱材の種類と厚さ	A種硬質ウレタンフォーム保温板2種2号10mm、20mm、30mm（受注生産15mm、25mm）	A種フェノールフォーム保温板1種2号「ネオマフォーム」20mm、25mm、30mm	リフォエコボードはグラスウール300K相当12mm、リフォエコパネルはグラスウール80K相当25mm、グラスウールはどちらも「アクリア」	A種フェノールフォーム保温板1種2号「フェノバボード」木造用15mm、RC造用25mm	硬質ウレタンフォーム32mm	マットタイプ根太間用は高性能グラスウール16K50mm、同大引き間用は同100mm、ボードタイプはグラスウール32K60mm
断熱材の熱伝導率	0.024 W/m・K	0.020W/m・K	リフォエコボードは0.040W/m・K、リフォエコパネルは0.035W/m・K	0.019W/m・K	0.020W/m・K	マットタイプは0.038W/m・K、ボードタイプは0.036W/m・K
一体化している面材の種類と厚さ	石こうボード9.5mm（受注生産12.5mm）	石こうボード9.5mm	なし	石こうボード9.5mm	合板5.5mm、床暖専用パネルの場合は9mm	なし
製品の熱抵抗値	0.41～1.25㎡・K/W（断熱材部分のみ）	1.04～1.54㎡・K/W	リフォエコボードは0.3㎡・K/W、リフォエコパネルは0.7㎡・K/W	1.31㎡・K/W	1.56㎡・K/W	マットタイプ根太間用は1.3㎡・K/W、同大引間用は2.6㎡・K/W、ボードタイプは1.7㎡・K/W
パネルの総厚さD×幅W×長さH	D19.5～39.5mm×W910mm×H1820mm	D29.5mm、34.5mm、39.5mm×W910mm×H1820mm	リフォエコボードD12mm×W910mm×H1820mm、リフォエコパネルD25mm×W455mm×H455mm	木造用はD24.5mm×W910mm×H1820mm	D43mm×W910mm×H1820mmなど	マットタイプ根太間用はD50mm×W260mm×H1820mmなど、ボードタイプはD60mm×W805mm×H910mmなど
6地域の2013年省エネ基準を達成できるか	木造は×、RC造は○	個別に相談	×	木造は×、RC造は○	○	組み合わせにより可能
5地域以北の2013年省エネ基準を達成できるか	木造は×、RC造は4地域まで○	個別に相談	×	木造は×、RC造は4地域まで○	既存建物の状況による	組み合わせにより可能
特徴	吉野石膏のタイガーハイクリンボード9.5mmを内装下地材に使用。通気性能のよいクロスと組み合わせれば、ホルムアルデヒドの吸収分解機能を発揮する	石こうボードにネオマフォームを張り合わせた複合パネル。既存の壁や天井に接着剤とビスで施工。熱に強い断熱材で火に当てても炭化して燃え広がらず、燃焼時のガス発生も少ない	リフォエコボードは高性能グラスウールを厚さ12mmの板状にしたもの。既存壁にビスもしくは接着剤で張って内装下地にする。リフォエコパネルはクロス付き。専用テープで貼って6畳間の壁2面を約1日で施工可能。防湿シートなしでは4地域以南のみに使用	木造用とRC造用の2種類があり、ともに現場でのカットが可能。RC造用は接着剤で貼り付ける。木造用では下地補強桟木がセットされ、ビスで壁面に取り付けられる	FCに加入する必要がある。既存の床、壁、天井に張ることができ、溝に専用チューブを通して床暖房システムをつなげることもできる。手すりや棚も設置可能	床下から施工することで既存の床を剥がさずに床の断熱改修ができる。マットタイプは圧縮できるため、床下点検口からの搬入が可能。ボードタイプは透湿防水シート付きで、施工後は気流止めとして機能する

気密処理は不可欠

　マグ・イゾベールの「床リノベ」は、床下の断熱改修を想定した製品だ。折り畳みや圧縮の可能なグラスウールなので、既存住宅の床下点検口から搬入しやすい。

　ハイアス・アンド・カンパニーの「ハウスINハウス」は、フランチャイズに加盟した工務店が、独自の断熱パネルなどの部材供給を受けて使える工法。断熱施工のノウハウのほか、水まわり設備の更新なども含めたリフォームパックによる営業手法のレクチャーも受けられる。

　「一般ユーザーはまだ断熱改修についての認知度が低い。価格を明示しながら、温熱環境が改善することで健康への負担が軽減されることなどを分かりやすく伝える必要がある。提案、営業に工夫が必要だ」。ハイアス・アンド・カンパニー事業開発本部R&D室の馬渕富夫氏はこう説明する。

　こうした製品を使った場合でも、パネル同士の気密性の保持は欠かせない。既存住宅に気流止めがない場合は、設置が必要だ。

失敗しない断熱改修

健康影響
部屋間の温度差の解消がカギ

近年、住居内の温熱環境を整えることは、単なる快適性の向上だけでなく、居住者の健康にも影響することが分かってきた。

改修前

改修後

A邸の断熱改修。改修設計はMasa建築設計室（高知市）、施工は勇工務店（同）
（写真：Masa建築設計室、資料：Masa建築設計室と伊香賀俊治教授への取材を基に日経ホームビルダーが作成）

[A邸の断熱改修内容とAさんの健康影響]

	改修前	改修後
断熱性能	等級なし	省エネルギー対策等級4
外壁	断熱なし	高性能グラスウール16K 厚さ100mmを充填するなど
天井	断熱なし	セルローズファイバー25K 厚さ16mmを吹き込むなど
床	断熱なし	A種押出法ポリスチレンフォーム保温板3種b 厚さ70mmを充填する、気流止めを設置するなど
開口部	アルミサッシ シングルガラス	アルミ樹脂複合サッシ Low-E複層ガラス
起床時の寝室の平均室温	8℃	20℃
最高血圧	—	改修前より12mmHg低下
最低血圧	—	改修前より9mmHg低下

室温と血圧は、改修前が2013年1月、改修後が14年1月に測定

[洗面・脱衣室の床は断熱改修で7℃上昇]

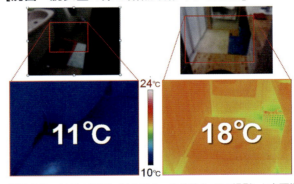

断熱改修の前後の洗面・脱衣室を、赤外線カメラで撮影した表面温度の画像で比較した。床の表面温度は11℃から18℃へと上昇した
（写真：「こうち健康・省エネ住宅推進協議会と慶応義塾大学理工学部伊香賀研究室による共同調査」）

　断熱改修によって冬季の寝室の起床時の平均室温が8℃から20℃に上昇すると、居住者の起床時の血圧が改善した——。

　これは、こうち健康・省エネ住宅推進協議会と慶応義塾大学理工学部システムデザイン工学科の伊香賀俊治教授が実施した調査で、明らかになった断熱改修の効果だ。

　調査の対象となったのは、高知市内にある築37年の木造住宅A邸。高性能グラスウールやセルローズファイバー、スタイロフォームなどを床・壁・天井に施工することで、省エネルギー対策等級1に満たない建物を同等級4にまで引き上げた。

　これにより、家全体の早朝の平均室温が改修前の6℃から改修後の

[寝室の室温が低いと起床時の血圧が高くなる]

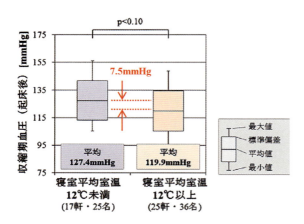

起床後に居間で測定した最高血圧値と、就寝中の寝室の平均室温の関係を分析したところ、寝室の平均室温が12℃未満の場合、12℃以上の場合よりも平均で約7.5mmHg高かった

[断熱性が低い家では居間と寝室の室温差が大きい]

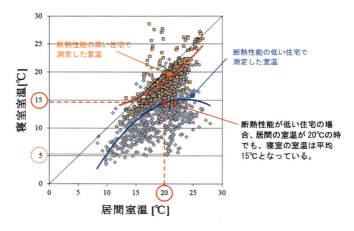

就寝時の居間と寝室の平均室温の差を見ると、1999年省エネ基準を満たす住宅では平均1.5℃だったのに対し、断熱性能の低い住宅では平均5.5℃だった

調査対象は首都圏在住の35〜74歳の男女180人、100世帯(断熱性能が低い住宅46世帯、1999年省エネ基準相当の住宅20世帯、その他の住宅34世帯)。有効サンプルは138人(87世帯)。調査期間は2014年11月〜15年2月のうちの2週間ずつ(資料:「オムロンヘルスケア、慶応義塾大学理工学部伊香賀研究室、自治医科大学循環器内科学部門苅尾七臣研究室、OMソーラーによる住まいと健康についての共同研究」)

15℃になり、寝室の起床時の平均室温も8℃から20℃に上昇。同時に、この家に居住していた70代のAさんの起床時血圧も最高血圧146mmHgから134mmHgへと低減した。

寝室も断熱改修を

室温と健康の関連について、伊香賀教授は他にも多数の研究実績がある。2015年12月には、「居間の室温が18℃以上でも就寝中の寝室の室温が低いと起床後の血圧が上昇する」という調査結果を発表した。医療機器メーカーのオムロンヘルスケアと、建築物の省エネルギーシステムを開発・販売するOMソーラー、自治医科大学循環器内科学部門(苅尾七臣教授)との共同研究の成果だ。

この調査では、断熱性能の低い住宅と高い住宅に住む計約100世帯を対象とし、各世帯で冬の2週間に起床後と就寝前の血圧を居間と寝室でそれぞれ測定した。

その結果、就寝中の寝室の平均室温が低くなると、起床時の血圧は高くなる傾向が明らかになった。居間の室温が高くても、寝室との温度差の変化が大きい場合には同様に血圧が上昇する結果だ。

「起床時の血圧の上昇を防ぐには、睡眠中の寝室の室温管理が重要だ。部分的に断熱改修する場合は、居間だけでなく、寝室やトイレ、廊下など夜間の行動範囲の室温差を小さくすると、居住者の健康負担を軽減できる」。伊香賀教授はこのように説明する。

国土交通省が実施している「スマートウェルネス住宅等推進モデル事業特定部門」では、2000件の断熱改修事例について改修前後の室温と居住者の健康状況などを調査する事業が採択されている。14年に始まったこの調査を仕切っているのも伊香賀教授だ。

この調査事業では、改修前後の冬季の室温、居住者の血圧、活動量を測定する。複数の住宅会社と医療・福祉関係者などで協議会をつくり、協議会が調査に協力する居住者を募集。居住者に改修費の一部を助成する。

「既存住宅と新築住宅の健康状況を比較したデータは相当数得られているが、改修前後を比較したデータはまだ少ない。これだけの調査結果がまとまれば、健康改善をもたらす断熱改修のノウハウが導ける」と伊香賀教授は話す。

著者・監修者一覧

p8-9	下田 健太郎（元日経ホームビルダー）	／日経ホームビルダー 2006年12月号
p12-15	古川 繁宏、昆 寛（住まい環境プランニング）、荒川 尚美（日経ホームビルダー）	／日経ホームビルダー 2014年2月号
p16-20	古川 繁宏、昆 寛（住まい環境プランニング）、荒川 尚美（日経ホームビルダー）	／日経ホームビルダー 2016年4月号
p21-25	古川 繁宏、昆 寛（住まい環境プランニング）、荒川 尚美（日経ホームビルダー）	／日経ホームビルダー 2014年7月号
p26-29	古川 繁宏、昆 寛（住まい環境プランニング）、荒川 尚美（日経ホームビルダー）	／日経ホームビルダー 2014年3月号
p30-35	古川 繁宏、昆 寛（住まい環境プランニング）、荒川 尚美（日経ホームビルダー）	／日経ホームビルダー 2014年8月号
p36-41	古川 繁宏、昆 寛（住まい環境プランニング）、荒川 尚美（日経ホームビルダー）	／日経ホームビルダー 2014年11月号
p42-47	古川 繁宏、昆 寛（住まい環境プランニング）、荒川 尚美（日経ホームビルダー）	／日経ホームビルダー 2015年3月号
p48-49	池谷 和浩（ライター）、安井 功（日経ホームビルダー）	／日経ホームビルダー 2018年2月号
p50-55	古川 繁宏、昆 寛（住まい環境プランニング）、荒川 尚美（日経ホームビルダー）	／日経ホームビルダー 2014年6月号
p56-61	古川 繁宏、昆 寛（住まい環境プランニング）、荒川 尚美（日経ホームビルダー）	／日経ホームビルダー 2014年10月号
p62-69	安井 功（日経ホームビルダー）、池谷 和浩（ライター）	／日経ホームビルダー 2018年2月号
p70-71	荒川 尚美（日経ホームビルダー）	／日経ホームビルダー 2011年4月号
p72-76	荒川 尚美（日経ホームビルダー）	／日経ホームビルダー 2016年12月号
p78-95	荒川 尚美（日経ホームビルダー）、奥野 慶四郎（ライター）	／日経ホームビルダー 2018年7月号
p98-112	荒川 尚美（日経ホームビルダー）	／日経ホームビルダー 2018年10月号
p114-129	荒川 尚美（日経ホームビルダー）、大菅 力、三上 美絵（ライター）	／日経ホームビルダー 2013年7月号
p132-150	荒川 尚美（日経ホームビルダー）、大菅 力、渡辺 圭彦（ライター）	／日経ホームビルダー 2016年2月号

※本書の記事中の社名や個人名は、原則として取材時のものです。初出記事の掲載号や掲載記事の執筆者と監修者は、上の通りです。
※記事は、一部、加筆・編集している場合があります。

健康被害と腐朽を防げ!
100の失敗に学ぶ結露完全解決

2019年2月25日　初版第1刷発行
2020年8月　7日　初版第2刷発行

編者：日経ホームビルダー
発行者：吉田 琢也
編集スタッフ：荒川 尚美
発行：日経BP社
発売：日経BPマーケティング
〒105-8308　東京都港区虎ノ門4-3-12
装丁・デザイン：村上 総（Kamigraph Design）
印刷・製本：図書印刷株式会社

ISBN 978-4-296-10191-7
©Nikkei Business Publications, Inc.2019
Printed in Japan

本書の無断複写・複製（コピー等）は、著作権法上の例外を除き、禁じられております。
購入者以外の第三者による電子データ化および電子書籍化は、私的使用を含め一切認められておりません。

本書籍に関するお問い合わせ、ご連絡は下記にて承ります。
https://nkbp.jp/booksQA